Personalführung im Wandel
Wie Führungskräfte und Mitarbeiter zu Partnern werden und gegenseitig voneinander profitieren

RENÉ A. RAUSCHER

Inhalt

Vorwort 1

Teil 1: Personalgewinnung 5

   1. Recruiting 5
      1.1 Ursachen der Mitarbeitergewinnung 6
      1.2 Recruiting als Top-Strategieziel 6
      1.3 Unternehmen als Bewerber 7

   2. Personalauswahl 9
      2.1 Zielsetzung der Einstellung 10
      2.2 Erfolgsmuster 11
      2.3 Bewerbungsanschreiben – notwendig oder überholt? 12
      2.4 Selbstvermarktung 14

   3. Vorstellungsgespräch 14
      3.1 Struktureller Ablauf 15
      3.2 Treffsicherheit bei der Auswahl 16

   4. Onboarding 18
      4.1 Vakuum zwischen Zusage und Start 18
      4.2 Einarbeitungsplan 19
      4.3 Entwicklungsziele 20
      4.4 Integration 20

Teil 2: Personalsteuerung 22

5. Operative Personalsteuerung 22
    5.1   Beobachtung 22
    5.2   Commitment 24
    5.3   Dokumentation 26
    5.4   KPI-Management 28
    5.5   Effizienz vs. Effektivität 31
    5.6   Leadmanagement 33
    5.7   Portfoliomanagement 35
    5.8   Qualitätssicherung 38
    5.9   Jour-Fixe 41
    5.10 Workflow 43
    5.11 X-Selling 45
    5.12 Urlaubsvertretung 46

6. Technische und methodische Personalsteuerung .. 48
    6.1   Best Practise 48
    6.2   Closing 50
    6.3   Ergebnisorientierung 52
    6.4   Führen vs. Anweisen 56
    6.5   Instruieren vs. Delegieren 59
    6.6   Informieren 61
    6.7   Konsequenzen 64

7. Strategische Personalsteuerung 67
    7.1   Change-Management 67
    7.2   Jahresplanung 71
    7.3   Kick-Off 74
    7.4   Networking 77
    7.5   Organisation 79
    7.6   Strategisches Management 83
    7.7   Task Force 85
    7.8   Vision 87

8. Kulturelle Personalsteuerung 88
- 8.1 Beteiligung 89
- 8.2 Incentivierung 91
- 8.3 Kultur 94
- 8.4 Motivation 96
- 8.5 Nogos 101
- 8.6 Teamwork 104
- 8.7 Vorbildfunktion 104
- 8.8 Konfliktmanagement 107

Teil 3: Personalentwicklung 111

9. Feedback 111
- 9.1 Feedback aus der „Ich"-Perspektive 112
- 9.2 Anlassbezogenes Feedback 113
- 9.3 Verhaltensmuster beim Feedback 114
- 9.4 Beschreiben statt bewerten 114

10. Fordern und fördern 115
- 10.1 Fordern 115
- 10.2 Fördern 117

11. Lernkurve 119
- 11.1 Entwicklungsfortschritte als Lernkurveneffekte 120
- 11.2 Emanzipation des Mitarbeiters 120

12. Human Ressources 121
- 12.1 Instrumente der Personalentwicklung 122
- 12.2 Weiterentwicklung der Mitarbeiter als Existenzgrundlage der Führung 122

13. Mitarbeitergespräch 124
- 13.1 Zyklus und Frequenz 125
- 13.2 Struktur und Inhalte 125

13.3 Verteilung von Redeanteilen 127
13.4 Non-Business 128

14. Gesprächsführung 128
14.1 Rhetorik – Fluch oder Segen? 129
14.2 Interaktion der Gesprächsführung 130
14.3 Zielsetzung von Gesprächsanlässen 131

15. Talentförderung 133
15.1 Stärken stärken vs. Schwächen abbauen 133
15.2 Talentorientierte Aufgabenverteilung 134

Teil 4: Personal 4.0 136

16. Digitalisierung 136
16.1 Potentialanalyse und Zielbild 137
16.2 Künstliche Intelligenz im Vertrieb 137

17. Remote Working 139
17.1 Möglichkeiten und Grenzen 140
17.2 Aufgabenorientierung als Gratmesser 141

18. Social Selling 142
18.1 Social Media Auftritt als digitale Marke 142
18.2 Profilschärfung durch gezielte Aktivitäten 144
18.3 Wie werde ich von meinem Netzwerk als Experte wahrgenommen? 145

19. New Generation 146
19.1 Generation Y 147
19.2 Generation Z 148

Epilog 150

Vorwort

Personalführung gilt seit jeher als eine der zentralen – wenn nicht sogar als die zentrale Managementkompetenz von Führungskräften. Dabei gilt in aller Regel: je größer die Führungsspanne an Mitarbeitern, desto größer ist der Stellenwert der individuellen Führungsfähigkeiten. In diesem Kontext lässt sich beobachten, dass sich sowohl das klassische Führungsleitbild als auch die Anforderungen an Führungskräfte über die vergangenen Jahre sehr stark verändert haben. Während autoritäre, patriarchalische und bürokratische Führungsstile als längst überholt angesehen werden, hat sich der kooperative Führungsansatz nahezu flächendeckend etabliert. Zumindest würden heutzutage vermutlich alle Führungskräfte von sich behaupten, nach dem kooperativen Modell zu führen.

Allerdings gibt es mittlerweile auch innerhalb des Definitionsrahmens für kooperativen Führungsstil eine erstaunliche Bandbreite an Interpretationen und Varianten. Welche Abwandlung letztendlich zum jeweiligen Setup und damit natürlich auch zur eigenen Persönlichkeit passt lässt sich pauschal nicht beantworten. Fest steht hingegen, dass das gegenseitige Abhängigkeitsverhältnis zwischen Vorgesetzten und Mitarbeitern immer ausgewogener wird. Die Einbeziehung und aktive Beteiligung von Mitarbeitern in wichtige Entscheidungen gewinnen kontinuierlich an Bedeutung. Dadurch sind Führungskräfte zunehmend darauf angewiesen gegenüber ihren Mitarbeitern auf Augenhöhe zu agieren. In der Konsequenz hat das zur Folge, dass Mitarbeiter längst keine reinen Befehlsempfänger oder Erfüllungsgehilfen mehr sind, sondern echte Kooperationspartner im Sinne einer gemeinsamen Zielerreichung.

Dieses Buch erläutert einen ganzheitlichen Führungsansatz aus Anwendersicht und stellt dabei die besonderen Anforderungen an Führungskräfte heraus. Außerdem veranschaulicht es plakativ, worauf Führungskräfte im operativen Alltag achten müssen und liefert konkrete Umsetzungsempfehlungen für die eigene Praxis.

Die inhaltlichen Ausführungen dienen als Orientierungshilfe für sowohl etablierte als auch angehende Führungskräfte, um je nach dem das eigene Führungsbild zu verifizieren oder eben zu entwickeln. Dass es für den Gesamtkomplex „Führung" ohnehin kein allgemeingültiges Musterkonzept gibt, lässt sich alleine schon anhand der schier unendlichen Literaturvielfalt zu diesem Thema erahnen. Führung beruht vielmehr auf individuellen Erfahrungen: je umfassender die persönlichen Erfahrungen im Umgang mit Mitarbeitern sind, desto tiefgründiger sollte im Regelfall auch der Fundus an geeigneten Instrumenten sein, um unterschiedlichsten Situation und Gegebenheiten wirkungsvoll begegnen zu können.

Somit erhebe ich selbstverständlich keinerlei Anspruch auf Korrektheit, sondern erläutere meine persönlichen Herangehensweisen und Lösungswege. Dabei greife ich auf einen Erfahrungsschatz aus über fünfzehn Jahren Praxiserfahrung auf Senior-Management Level in einem internationalen Konzern zurück. Mit einer Führungsspanne von annähernd einhundert Mitarbeitern über insgesamt sieben Hierarchieebenen, verteilt auf mehr als zehn Standorte bundesweit, wage ich dennoch die Behauptung, sämtliche, auftretende Konstellationen, Eventualitäten und Herausforderungen im Umgang

Vorwort

mit Mitarbeitern bereits aktiv erlebt und letztlich auch gelöst zu haben.

Vor diesem Hintergrund wünsche ich Ihnen nun viel Spaß beim Lesen und hoffe, Ihnen den ein oder anderen wertvollen Hinweis liefern zu können.

Teil 1

Personalgewinnung

Eine der bedeutendsten und gleichzeitig anspruchsvollsten Herausforderungen von Führungskräften besteht zunehmend darin, persönlich geeignetes und fachlich qualifiziertes Personal zu finden und für sich zu gewinnen. Dieser Umstand hängt unmittelbar mit dem sich immer weiter verschärfenden Fachkräftemangel zusammen. Was ist ursächlich für diese Entwicklung, wie genau wirkt sie sich auf das operative Tagesgeschäft aus und was müssen Unternehmen sowie deren Führungskräfte berücksichtigen, um sich bestmöglich dagegen zu positionieren?

1. Recruiting

Inwieweit professionelle Personalführung die erhofften Erfolge liefert, hängt grundlegend und in aller erster Linie auch mit der Auswahl der richtigen Mitarbeiter zusammen. Somit stellt Recruiting gewissermaßen das Fundament der Personalführung dar und hat für Führungskräfte gerade in den vergangenen Jahren zunehmend an Bedeutung gewonnen. Die Ursachen hierfür sind multi-faktoriell.

1.1 Ursachen der Mitarbeitergewinnung

Zum einen ist die Halbwertzeit einer Betriebszugehörigkeit in den letzten Jahren kontinuierlich gesunken. Somit ist es allein schon ein erheblicher Kraftakt, die natürliche Fluktuation durch neu gewonnene Mitarbeiter auszugleichen. Weiterhin sorgt der demographische Wandel der Bundesrepublik Deutschland dafür, dass unsere Gesellschaft immer älter wird – ergo, die Bevölkerungsschicht, die in den kommenden Jahren in den Ruhestand eintreten wird, ist verhältnismäßig deutlich größer als jene, die neu ins Berufsleben startet. Damit entsteht ebenfalls eine eklatante Unterdeckung an Arbeitskräften. Nicht zuletzt dadurch bedingt wird auch der Fachkräftemangel immer akuter. Dies ist aber nur zum Teil auf den demographischen Wandel zurückzuführen. Ein weiterer Grund für diese Trendentwicklung liegt daran, dass hochqualifizierte Arbeitskräfte weltweit nach den für sie bestmöglichen Arbeitsbedingungen suchen und somit nicht zwangsläufig dem Binnenarbeitsmarkt zur Verfügung stehen.

1.2 Recruiting als Top-Strategieziel

Warum aber ist der Einfluss von Führungskräften bei der Mitarbeitergewinnung so entscheidend? Kaum jemand wird heutzutage bestreiten, dass Recruiting von Fachkräften eines der Top-Strategieziele für Unternehmen darstellt. Umso erstaunlicher ist daher die Tatsache, dass der Rekrutierungsprozess gerade bei Großkonzernen überwiegend in der Verantwortung der Personalabteilung liegt und die Führungskräfte aus den Fachabteilung entweder deutlich zu spät oder allenfalls passiv mit eingebunden werden. Teilweise finden sogar Bewerbungsgespräche im ersten Schritt ohne aktive Beteiligung der zukünftigen Linienvorgesetzten statt. Dies ist sicher kein neues Phänomen, wird aber zunehmend zu einem ernsthaften Risiko für Unternehmen. In zahlreichen Gesprächen mit Entscheidern aus unterschiedlichen Branchen habe ich diese Entwicklung aus der Perspektive des Personalberaters immer wieder hinterfragt. Die Antworten waren dabei häufig sehr identisch: es wurde nahezu immer darauf verwiesen, dass der persönliche Workload es schlicht und ergreifend zeitlich gar nicht zulässt, weshalb sowohl der Auswahlprozess als auch häufig die ersten Interviews weiterdelegiert wurden. Aus Sicht der betroffenen Führungskräfte erscheint diese Haltung durchaus nachvollziehbar. Nicht umsonst wird der Wettbewerb um die qualifiziertesten Kräfte zum „war for talents" stilisiert und da darf es nach meiner Einschätzung keinerlei Denkverbote geben. Wer in diesem Wettbewerb eine entscheidende Rolle spielen will, der muss auch bereit sein, alte Denkmuster zu beseitigen. Daher lautet mein Appell sowohl an Unternehmen als auch an die Führungskräfte selbst: involvieren Sie sich so früh und so aktiv wie möglich selbst in den Rekrutierungsprozess. Auf diese Weise können Sie sich entscheidend von Ihrer Konkurrenz abheben. Zum einen bringen Sie dem Bewerber damit eine bleibende Form der Wertschätzung gegenüber und zum anderen können Sie den zu vergebenden Job aus einem deutlich direkteren Blickwinkel erläutern.

1.3   Unternehmen als Bewerber

In diesem Zusammenhang stelle ich ebenfalls sehr ernüchternd fest, dass sich die Erkenntnis, sich als Unternehmen sozusagen auch beim Kandidaten zu bewerben, nach wie vor nicht flächendeckend durchgesetzt hat. Sehr viele Vorstellungsgespräche laufen nach wie vor nach demselben Muster ab, in dem die Qualifikationsvoraussetzungen des Bewerbers auf Herz und Nieren geprüft werden und dabei mitunter auch lehrbuchmäßige Fragen wie etwa „wo sehen Sie sich in 20

Personalführung im Wandel

Jahren" gestellt werden. Um einem Missverständnis direkt vorzubeugen: die Qualifikationsvoraussetzungen eines Kandidaten fundiert zu überprüfen sollte selbstverständlich auch weiterhin wesentlicher Bestandteil von Vorstellungsgesprächen bleiben. Was mir persönlich jedoch häufig viel zu kurz kommt, ist die Perspektive und damit natürlich auch die Vorstellungen des Bewerbers systematisch in das Gespräch mit einzubeziehen. Worauf legt der Kandidat bei seinem Arbeitgeber gesteigerten Wert? Wie sieht er seinen persönlichen Karriereplan – wohin möchte er sich entwickeln? Welche inhaltlichen Schwerpunkte sollte die Tätigkeit haben? Worauf würde er gerne verzichten? Um sich auf diese Fragen besser vorbereiten zu können und gegebenenfalls auch gezielt geeignete Gesprächsteilnehmer auszuwählen, halte ich es auch durchaus vertretbar, diese Fragen im Vorfeld des Vorstellungsgesprächs an den Kandidaten zu richten mit der Bitte sich darum Gedanken zu machen. Da dies in der Praxis nach wie vor nicht stark verbreitet ist, hinterlässt der potenziell zukünftige Arbeitgeber alleine schon durch diese Herangehensweise einen sehr positiven Eindruck. Der große Vorteil für das Unternehmen besteht nun darin, dem Kandidaten – sofern er sich natürlich fachlich und persönlich qualifiziert hat – ein individuell auf seine Bedürfnisse zugeschnittenes Angebot zu unterbreiten, das deutlich über die Stellenbeschreibung hinausgeht. Unternehmen sollten sich darüber bewusst sein, dass ein sicherer Arbeitsplatz, gute Bezahlung und Karrieremöglichkeiten längst nicht mehr ausreichen, um als attraktiver Arbeitgeber wahrgenommen zu werden. Ich empfehle daher jedem Personalentscheider, sich im Vorfeld eines Bewerbungsgesprächs gezielt und kritisch mit der Frage auseinanderzusetzen, was den zu vergebenden Job im jeweiligen Unternehmen, in der jeweils betreffenden Funktionseinheit besonders und einzigartig macht? Der eigenen Kreativität und Fantasie sollten dabei keinerlei Grenzen gesetzt werden

– alles was das Arbeitsumfeld in besonderer Weise auszeichnet sollte auch erwähnt werden. Ob es nun das spezielle Betriebsklima mit Kollegen ist, die sich auch privat allesamt gut verstehen, die neuen, hellen Büroräumlichkeiten, Ermäßigungen in Fitnessstudios, das jährliche Firmenevent oder einfach nur die hervorragende Anbindung an den öffentlichen Nahverkehr. Insbesondere bei jüngeren und insgesamt weniger erfahrenen Bewerbern entscheiden häufig auch emotionale Faktoren über die jeweilige Jobauswahl.

Je nach dem welchen strategischen Wert die Besetzung einer bestimmten Stelle in einem Unternehmen einnimmt, sollten die verantwortlichen Linienvorgesetzten im Rekrutierungsprozess daher unbedingt eine möglichst aktive Rolle einnehmen und dabei nicht nur den Bewerber „durchleuchten" sondern eben auch den Arbeitgeber sowie die Aufgabe bestmöglich positionieren.

2. Personalauswahl

Abhängig davon um welche konkrete Stellenbesetzung es sich handelt, gibt es möglicherweise mehrere Kandidaten, die grundsätzlich zur Auswahl stehen. Egal ob eine Führungskraft am Ende des Tages mit fachlicher und/oder disziplinarischer Weisungsbefugnis ausgestattet wird: in Personalauswahlprozesse, mindestens aber in Personalauswahlgespräche MÜSSEN sie eingebunden werden – was bereits im vorangegangenen Abschnitt thematisiert wurde. Ist das nicht der Fall, sind sie faktisch betrachtet keine „echte" Führungskraft, sondern maximal befugt, die tägliche Führungsarbeit zu unterstützen. Insofern rate ich dringend dazu, das Recht auf vollumfängliche Ausübung der Führungsarbeit auch einzufordern. Um beim Thema Auswahl zu bleiben: sind Sie nicht aktiv in die Personalauswahl eingebunden, sondern werden Ihnen neue Mitarbeiter lediglich zugeteilt, dann sind sie bereits der Chance beraubt, entscheidende Persönlichkeitsmerkmale bei Bewerbern zu identifizieren, die für Sie erfolgskritisch sind.

2.1 Zielsetzung der Einstellung

Aber woher genau weiß ich denn, was diese erfolgskritischen Merkmale sind beziehungsweise was in der umgekehrten Betrachtung Ausschluss – beziehungsweise KO-Kriterien sind? Wie so häufig in der angewandten Führungstheorie gibt es hierauf keine eindeutige Antwort. Stattdessen empfiehlt sich die standardisierte Juristenaussage „es kommt darauf an" – und zwar genau darauf, welche Stelle Sie konkret zu besetzen haben, welche Qualifikationen Sie dafür benötigen und – ganz entscheidend – welche Erwartungshaltung und Zielsetzung Sie damit verknüpfen. Erfahrungsgemäß ist der letztgenannte Aspekt, der am häufigsten unterschätzte und demnach auch am wenigsten forcierte. Die Frage nach der konkreten Stelle und der dafür benötigten Qualifikation können die meisten Bedarfsträger verhältnismäßig spontan und präzise beantworten. Wird aber die Frage gestellt „welche Zielsetzung verfolgen Sie mit der Besetzung dieser Stelle" oder „was konkret soll denn durch die Einstellung besser/anders werden als davor" blicken Sie häufig in erstaunte Gesichter.

Gehen wir dennoch davon aus, dass die Zielsetzung eindeutig vorliegt, dann neigen viele Führungskräfte dazu, sich bei der Auswahl geeigneter Kandidaten an ihren eigenen Persönlichkeitsmerkmalen zu orientieren. Grundsätzlich ist hiergegen auch nichts einzuwenden. Ich habe in meiner bisherigen Laufbahn annähernd 200 Mitarbeiter direkt oder indirekt (also in meiner Berichtslinie) eingestellt und hierfür weit über 500 Vorstellungsgespräche geführt. Auch ich habe mich immer wieder dabei ertappt, dass ich bei potenziellen Kandidaten nach Parallelen zu meiner eigenen Persönlichkeit gesucht – und mitunter auch gefunden habe. Insbesondere in der Anfangszeit, als die Teamstruktur noch sehr überschaubar war, habe ich davon profitiert. Je schneller ein Team oder eine Abteilung wächst, desto wichtiger ist es auf eine möglichst heterogene Struktur beziehungsweise eine möglichst hohe Diversifikation zu achten, da sonst das Konfliktpotential linear verläuft.

2.2 Erfolgsmuster

In diesem Zusammenhang wurde ich immer wieder nach möglichen Mustern gefragt, sprich inwieweit ich erkennen könne, ob Mitarbeiter mit einer bestimmten Veranlagung, mit einer bestimmten Qualifikationsvoraussetzung oder mit einem bestimmten Persönlichkeitsmerkmal erfolgreicher sind als andere. Im Gegensatz zu vielen anderen Fragestellungen kann ich diese Frage mit einem ganz eindeutigen Nein beantworten. Um an dieser Stelle ein Beispiel zu geben: obwohl ich in einem stark betriebswirtschaftlich-technischem Umfeld tätig bin, kann ich definitiv nicht bestätigen, dass zum Beispiel Wirtschaftswissenschaftler oder Ingenieure in der Mittelbetrachtung erfolgreicher geworden sind als Psychologen, Soziologen oder Theologen. Bisweilen kann eine zu starke fachliche Orientierung den Blick auf das große Ganze blockieren, während zu viel Zeit für unwesentliche Detailfragen geopfert wird. Um einem möglichen Missverständnis vorzubeugen – diese Einschätzung ist keineswegs allgemeingültig, sondern spiegelt lediglich meine persönliche Erfahrung aus einer dienstleistungsorientierten Vertriebsorganisation wider.

Allerdings gibt es durchaus Faktoren, auf die ich immer wieder gesteigerten Wert bei der Personalauswahl gelegt habe. Darunter fällt zum Beispiel der Punkt Eigenverantwortung während des Studiums. Wie haben Bewerber Ihr Studium finanziert? Dabei ist es aus meiner Sicht weniger um eine spezifische Tätigkeit gegangen als vielmehr um die

Tatsache, dass der Kandidat für seinen Lebensunterhalt zumindest zum Teil selbst aufkommen musste. Die Erkenntnis, die ich daraus gewinnen konnte, war, dass diese Zielgruppe ein stärkeres Durchhaltevermögen offenbarte, insbesondere in herausfordernden und anspruchsvollen Situationen.

2.3 Bewerbungsanschreiben – notwendig oder überholt?

Der zweite, wichtige Faktor sind Bewerbungsanschreiben. Mir ist durchaus bewusst, dass dies heutzutage als überholt gilt und moderne Literatur sogar konkret davon abrät. Ehrlich gesagt, kann das ja auch jeder so halten wie er gerne möchte, aber solange es arbeitsrechtlich nicht untersagt wird, werde ich auch weiterhin ein individuelles Anschreiben von Bewerbern anfordern. Wer sich dann darauf hin nicht bewirbt, ist eben auch kein Verlust. Ohne Frage, der Lebenslauf wird auch weiterhin der zentrale Baustein einer Bewerbung bleiben – gleichzeitig offenbart er einen ganz entscheidenden Nachteil: er betrachtet ausschließlich die Retrospektive. Um es mal ganz salopp zu formulieren: für den Job, den ich aktuell zu vergeben habe, ist es für mich maximal von sekundärer Relevanz, wo der Kandidat vor fünf Jahren tätig war und was er dort genau gemacht hat. Selbstverständlich kann ein Anschreiben genauso ein reines Lippenbekenntnis darstellen und damit genauso wenig Aussagekraft haben. Was ich an einem Anschreiben aber auf den ersten Blick erkenne, inwieweit der Bewerber sich tatsächlich mit dem potenziell neuen Job, mit der Aufgabe und letztlich auch mit dem Unternehmen auseinandergesetzt hat – oder eben auch nicht. Schließlich heißt es ja nicht umsonst „individualisiertes Anschreiben" – das heißt abgestimmt auf die jeweilige Position, auf die ich mich bewerbe. Ja, es mag in der Tat aufwendig sein, bei zwanzig oder mehr Bewerbungen immer wieder einen neuen Text zu verfassen. Den gleichen Text jedoch an zwanzig verschiedene

Personalgewinnung

Unternehmen zu schicken, fällt aber genauso einfach ins Auge und verkürzt den Bewerbungsprozess, wodurch am Ende des Tages deutlich mehr Zeit sinnlos investiert wurde. Bisweilen bekomme ich Bewerbungen, bei denen sich der Absender nicht mal mehr die Mühe macht, den Namen des Adressaten auszuschreiben und stattdessen den Platzhalter verwendet.

Wenn allerdings aus dem Anschreiben konkret hervorgeht welche jeweilige Qualifikation des Kandidaten zu welcher konkret in der Stellenbeschreibung formulierten Qualifikationsvoraussetzung passt – idealerweise, wenn sogar der Wortlaut aus der Anzeige übernommen wurde – kann sich der Bewerber alleine dadurch von der breiten Masse abheben. Gleichzeitig erkennt der Personaler so auf den ersten Blick, welcher Bewerber sich tatsächlich auch inhaltlich mit dem potentiell neuen Job auseinandergesetzt hat und warum er nach eigener Auffassung entsprechend dafür qualifiziert ist. Im zweiten und dritten Schritt ist darauf zu achten, inwieweit der Bewerber darlegen kann, warum er den Job möchte und warum er genau für dieses Unternehmen arbeiten möchte. Logischerweise ist dies allein noch kein Garantieschein für die Passgenauigkeit eines Bewerbers. Allerdings – wie bereits erwähnt – nach wie vor eine absolute Seltenheit, weshalb dafür in jedem Fall Pluspunkte vergeben werden können.

Um zu überprüfen, inwieweit das richtige Commitment eines Kandidaten vorliegt und damit, ob das Mindset auch zum Bewerbungstext passt, empfiehlt es sich im Vorfeld eines Vorstellungsgesprächs, dem Kandidaten kleinere Aufgaben zu stellen und diese mit einer Deadline versehen einzufordern. Hierbei kommt es weniger auf die Komplexität der Aufgabe an als vielmehr darauf, den Kandidaten zu aktivieren. Somit könnte eine Aufgabe alleine schon darin bestehen, den Bewerber zu bitten, einen Lebenslauf auf Englisch nachzureichen oder bestimmte Tätigkeiten einer früheren Anstellung etwas zu präzisieren. Wird die Aufgabe fristgerecht und weitgehend zufriedenstellend gelöst, können somit weitere Pluspunkte gesammelt werden.

2.4 Selbstvermarktung

Geht es dann ins Vorstellungsgespräch, gibt es auch hier einige Fallstricke zu beachten. In Zeiten des Kandidatenmangels ist es nur logisch und konsequent, dass auch der Arbeitgeber sich beim Kandidaten bewirbt und den Job so attraktiv wie nur möglich vermarktet. Leider führt dies in der Praxis allzu häufig dazu, dass zu wenig auf die Anforderungen eingegangen wird, in der Befürchtung, den Bewerber zu vergraulen. Ich empfehle in diesem Zusammenhang möglichst mit konkreten Fallbeispielen zu arbeiten und die Anforderungen – nach Möglichkeit auch mit Zahlen, Daten und Fakten zu veranschaulichen. Nur so kann gewährleistet werden, dass sich der Bewerber a) auch uneingeschränkt mit der Aufgabe identifizieren kann und b) unerwartete Überraschungen ausbleiben. Aus Prozessperspektive ist es nämlich der absolute Worstcase, wenn der neue Mitarbeiter noch im Ausbildungsverlauf wieder kündigt, weil sich der Job in der Praxis anders herausgestellt hatte als ursprünglich angenommen.

Abschließend lässt sich zusammenfassen, dass es kein Patentrezept gibt, um den richtigen Mitarbeiter zu finden. Mit den oben beschriebenen Maßnahmen lässt sich jedoch das Risiko den falschen auszuwählen, deutlich eingrenzen und reduzieren.

3. Vorstellungsgespräch

Wie bereits im vorangegangenen Abschnitt thematisiert, ist das Vorstellungsgespräch elementarer Bestandteil des Personalauswahlprozesses.

Personalgewinnung

In Zeiten der Pandemie wurden zahlreiche Vorstellungsgespräche aus Mangel an Alternativen virtuell per Online-Video-Chat geführt. Inwieweit sich dieser Trend auch dauerhaft durchsetzen wird, bleibt abzuwarten. Obwohl der logistische Aufwand für beide Seiten dadurch massiv reduziert wird, zeigt sich bereits heute, dass – wo immer es auch möglich ist – sowohl der Bewerber als auch der potenzielle Arbeitgeber auch weiterhin auf die finale Absicherung durch den persönlichen Eindruck zurückgreifen.

Wie ich bereits erwähnt habe, habe ich in der Funktion eines Personalentscheiders an über 500 Vorstellungsgesprächen teilgenommen. Darüber hinaus habe ich in der Funktion eines Personalberaters unzählige Vorstellungstermine potenzieller Kandidaten passiv begleitet. Dabei ist mir aufgefallen, dass die Art und Weise des Ablaufs von Bewerbungsgesprächen in der Grobstruktur weitgehend deckungsgleich sind, dass sich die Details aber sehr wohl und meistens auch deutlich voneinander unterscheiden.

3.1 Struktureller Ablauf

Um an dieser Stelle etwas aus dem Nähkästchen zu plaudern: wenn beispielsweise mehrere Gesprächsteilnehmer seitens des potenziellen Arbeitgebers anwesend sind, findet in aller Regel eine kurze Vorstellungsrunde statt. Was mir in den meisten Fällen aber meist gänzlich gefehlt hatte war die Präsentation einer kurzen Agenda, das heißt, dem Kunden einen kurzen Abriss über den bevorstehenden Gesprächsverlauf zu geben. Insbesondere vor dem Hintergrund, dass sehr viele Kandidaten keine allzu große Routine darin haben – entweder weil sie zum Teil noch ganz am Beginn ihrer Laufbahn stehen oder eben, weil sie jahrelang einfach kein Bewerbungsgespräch mehr geführt haben.

Dass meistens im Nachgang an die Vorstellungsrunde der Gesprächsteilnehmer seitens des Unternehmens der Ball an den Bewerber zurückgespielt wird mit der Bitte sich ebenfalls kurz vorzustellen, macht sowohl inhaltlich als auch strukturell betrachtet großen Sinn. Dabei vermisst habe ich in den allermeisten Fällen, weiterführende und nähere Instruktionen an den Kandidaten, was genau man sich wünschte, beziehungsweise worauf explizit Wert gelegt wurde. Ich persönlich hatte die Bewerber immer darum gebeten, neben der rein chronologischen Aufzählung einzelner Stationen auch immer den jeweiligen Beweggrund zu erläutern.

Um deutlich mehr inhaltliche Substanz zu generieren, ohne jedoch dem Bewerbungsgespräch Verhörcharakter zu verleihen, frage ich zum Beispiel sehr gerne nach dem exemplarischen Ablauf eines typischen Arbeitsalltags. Erfahrungsgemäß fallen die Antworten dabei häufig sehr viel aussagekräftiger aus als einfach nur nach den Tätigkeiten bei einer beliebigen Position zu fragen und man erhält bereits einen ersten konkreten Hinweis über die Arbeitsstruktur des Kandidaten.

Auch an dieser Stelle weise ich explizit darauf hin, dass es beim Ablauf von Gesprächen weder richtig oder falsch gibt. Vielmehr ist es auch irgendwo eine Stilfrage, das heißt, womit kann ich mich als Gesprächsführer auch persönlich identifizieren. Insofern haben auch die berühmt-berüchtigten „Personaler-Fragen" wie etwa „Was sind Ihre Stärken", „Worin liegen Ihre Schwächen" oder „Wo sehen Sie sich in fünf Jahren"? durchaus ihre Legitimation.

3.2 Treffsicherheit bei der Auswahl

Entscheidend sollte immer die Überlegung bleiben, wie ein Bewerbungsgespräch zu gestalten ist, um eine möglichst treffsichere Auswahl zu erzielen.

Personalgewinnung

Nach meiner persönlichen Erfahrung ist einer der wesentlichen Erfolgsfaktoren für die richtige Personalentscheidung, die innere Überzeugung einen bestimmten Job auch wirklich zu wollen. In diesem Zusammenhang habe ich mich meist nicht nur auf Lippenbekenntnisse verlassen, sondern die Bereitschaft des Kandidaten auch getestet. In aller Regel habe ich den Bewerbern im Vorfeld eines Vorstellungsgesprächs kleine Aufgaben zukommen lassen. Dabei ging es mir weniger um die perfekte Umsetzung, sondern vielmehr um die Herangehensweise: Wie intensiv setzt sich der Kandidat mit der Aufgabe auseinander? Welche Quellen nutzt er dafür? Stellt er überhaupt Rückfragen zur Aufgabe? Welche Rückfragen werden gestellt? Welche Gedankengänge hatte er bei der Aufgabenbewältigung? Wie umfassend, inhaltlich fundiert und strukturiert ist die Ausarbeitung? Mit Hilfe dieser Fragestellungen habe ich meistens ein sehr präzises Bild über die Arbeitsweise des Kandidaten und damit die Passgenauigkeit erhalten, womit ich am Ende nur sehr selten völlig falsch gelegen hatte.

Ich habe auch ganz bewusst die Aufgabe bereits im Vorfeld übermittelt und eben nicht erst im Gespräch, weil ich keine künstliche Prüfungssituation schaffen wollte, sondern primär die Bereitschaft des Kandidaten erfassen wollte, sich für einen potentiellen, neuen Job entsprechend zu bewähren.

Dass es bei einem Vorstellungsgespräch immer auch um einen Dialog geht und man immer auf möglichst ausgeglichene Gesprächsanteile achten sollte, ist an und für sich selbstredend und dennoch keine Selbstverständlichkeit.

Am Ende des Tages kommt es bei Personalauswahlentscheidungen immer auch auf das richtige Bauchgefühl an und spätestens dafür gibt es weder ein Patentrezept noch eine Anleitung. Es helfen lediglich Erfahrung und Routine. Insofern empfehle ich angehenden oder jungen Führungskräften zu Beginn erfahrene Kollegen als Gesprächspartner mit hinzuzunehmen und im Anschluss an das Gespräch die jeweiligen Eindrücke miteinander abzugleichen.

Wer die oben aufgeführten Punkte berücksichtigt, wird als potenzieller Arbeitgeber im Bewerbungsgespräch in jedem Fall einen professionellen Eindruck hinterlassen und hat sehr gute Chancen, sich letztlich auch für einen fachlich und persönlich geeigneten Kandidaten zu entscheiden.

4. Onboarding

Ist nun der richtige Kandidat ausgewählt, die Verträge unterzeichnet und steht der Eintritt unmittelbar bevor geht es um das sogenannte „Onboarding".

Onboarding beschreibt den Prozess der Integration neuer Mitarbeiter. Ich habe dieses Thema ganz bewusst mit aufgenommen, weil es erfahrungsgemäß sehr häufig unterschätzt wird. Der Ablauf des Einstiegs eines Mitarbeiters bei einem neuen Arbeitgeber ist aus psychologischer Sicht ein ganz elementarer Faktor und kann bereits in einer sehr frühen Phase die Weichen für eine positive Bindung ans Unternehmen stellen – oder eben auch genau das Gegenteil bewirken.

4.1 Vakuum zwischen Zusage und Start

In der Praxis passiert es leider sehr oft, dass der letzte persönliche Kontakt zwischen Arbeitgeber und zukünftigem Mitarbeiter die Zusage nach dem Vorstellungsgespräch war. Genau das halte ich für einen gravierenden Fehler, da zwischen Zusage und Tätigkeitsbeginn unter anderem bedingt durch Kündigungsfristen nicht selten mehrere Wochen oder sogar Monate liegen. Diese Zeit lässt sich hervorragend nutzen, um zumindest informellen Kontakt aufrecht und sich so gegenseitig auf dem Laufenden zu halten. Dabei lassen sich zwei Fliegen mit einer Klappe schlagen: aus Sicht des Arbeitgebers findet auf diese Weise ein erstes Kennenlernen statt, was sich deutlich vom Bewerbungsgespräch unterscheidet, da es sich ja nicht um eine Prüfungssituation handelt. Gleichzeitig können derartige Austauschkontakte genutzt werden, um den zukünftigen Mitarbeiter über die aktuellen Entwicklungen zu informieren. Dies bietet ihm wiederum die Möglichkeit, sich noch gezielter auf seine neue Aufgabe vorzubereiten und er fühlt sich dadurch auch wertgeschätzt. Außerdem stabilisiert ein regelmäßiger Kontakt das Euphorie Level und somit die Vorfreude des neuen Mitarbeiters auf seine zukünftige Tätigkeit.

Dass Führungskräfte darüber hinaus sämtliche Formalitäten zu erledigen haben, damit der neue Kollege auch pünktlich seinen Dienst antreten kann, sollte selbstverständlich sein. Gleichzeitig zeigt sich auch hier immer wieder, dass elementare Dinge wie unter anderem ein Mitarbeiterausweis oder Systemzugänge am ersten Arbeitstag nicht vorliegen oder nicht funktionieren.

4.2 Einarbeitungsplan

Weniger selbstverständlich, jedoch keineswegs minder wichtig ist hingegeben ein konkreter Einarbeitungsplan. Dieser Plan sollte die einzelnen Phasen und Abläufe der Einarbeitung inhaltlich und zeitlich konkret beschreiben und Verantwortlichkeiten zuteilen. So sollte beispielsweise in einem Einarbeitungsplan auch enthalten sein, dass der neue Mitarbeiter am ersten Arbeitstag zwischen zehn und elf Uhr seine zukünftigen Kollegen kennenlernt, zwischen elf und zwölf Uhr eine Führung durch das Gebäude erhält und wer ihm hierbei zur Seite steht. So etwas wirkt nicht nur professionell, sondern vermeidet auch unnötige Leerlaufzeiten und Chaos, da Aufgaben und Zuständigkeiten klar geregelt sind.

Je nach Branche, Unternehmen und Unternehmensgröße gibt es insbesondere für neue Mitarbeiter auch bestimmte Schulungsformate, die verpflichtend wahrzunehmen sind. Dabei ist es wichtig zu berücksichtigen, dass Führungskräfte diese Formate entsprechend vor- und nachbereiten. Zur Vorbereitung gehört es unter anderem, dass die jeweils zuständigen Führungskräfte sich ein Bild machen vom aktuellen Leistungs- oder Erfahrungsstand des neuen Mitarbeiters mit Blick auf die Schulungsinhalte. Je nach dem sollte diese Einschätzung auch an die Schulungsleiter weitergegeben werden, um möglichst gezielt und bedarfsgerecht auf den Mitarbeiter eingehen zu können. Bei der Nachbereitung geht es dann darum, die vermittelten Inhalte nochmals gemeinsam zu rekapitulieren und auf diese Weise in Erfahrung zu bringen, wo die Führungskraft selbst nochmals nachsteuern muss.

4.3 Entwicklungsziele

In meinem Verständnis bedeutet Onboarding aber auch, dass sich Führungskräfte konkrete Entwicklungsziele für Ihre Mitarbeiter stecken sollten, die auch schriftlich zu hinterlegen und dem Mitarbeiter auszuhändigen sind. Das bedeutet, dass neben der reinen Abarbeitung von Einarbeitungsblöcken auch Etappenziele für den Mitarbeiter definiert werden sollten. Somit entsteht für beiden Seiten maximale Transparenz darüber, was vom Mitarbeiter erwartet wird, wo er aktuell steht und wo es konkrete Abweichungen gibt, die es weiter zu vertiefen gilt.

4.4 Integration

Ebenfalls häufig vergessen wird die Tatsache, dass es beim Onboarding eben nicht nur um Einarbeitung und die Aneig-

Personalgewinnung

nung von Wissen geht. Onboarding ist maßgeblich auch ein psychologischer Prozess, der im Grunde genommen auch erst dann abgeschlossen ist, wenn der neue Mitarbeiter vollständig integriert und auch als Kollege etabliert ist. Selbstverständlich ist er hierfür auch selbst in der Bringschuld. Dennoch liegt es auch in der Verantwortung des zuständigen Vorgesetzten diesen Prozess aktiv zu begleiten, mindestens aber genau zu beobachten, um eventuelle Fehlentwicklungen frühzeitig zu erkennen. Aktiv begleiten bedeutet in diesem Kontext zum Beispiel auch, dem neuen Mitarbeiter gezielt Aufgaben zu übertragen. Solche Aufgaben könnten zum Beispiel das Erstellen von Protokollen aus Teamsitzungen oder kurze Fachvorträge zu ausgewählten Themen sein. Erfahrungsgemäß zahlt das positiv auf den Integrationsprozess ein, weil beide Seiten davon profitieren. Der Mitarbeiter ist sofort gefordert und wird durch seine aktive Rolle deutlich schnellere Fortschritte machen als das in einer reinen Konsumentenhaltung der Fall wäre. Die Kollegen, die ihrerseits das Onboarding aktiv unterstützen, bekommen auf diese Weise auch eine Art Gegenleistung, wodurch sich der neue Kollege entsprechend zügiger zum vollwertigen Teammitglied entwickeln kann.

Teil 2

Personalsteuerung

Sobald der Rekrutierungsprozess abgeschlossen ist, beziehungsweise die Personalstruktur steht, liegt die primäre Aufgabe von Führungskräften in der Aussteuerung von Mitarbeitern. Dies impliziert, dass die Mitarbeiter im Sinne einer übergeordneten Zielsetzung zu führen sind. Aus dieser übergeordneten Zielsetzung leiten sich folgende fünf Handlungsfelder für Führungskräfte ab, die miteinander in Einklang zu bringen sind: operativ, technisch und methodisch, strategisch und kulturell.

5. Operative Personalsteuerung

Bei der operativen Personalsteuerung geht es um Einflussmöglichkeiten auf die Mitarbeiterführung, die sich aus dem operativen Alltag heraus für Führungskräfte ergeben.

5.1 Beobachtung

Auf den ersten Blick scheint die Frage berechtigt, warum einem vermeintlich banalen Thema wie der Beobachtung ein eigenes Kapitel gewidmet wird – zumal hier ja kaum Fehler gemacht werden können. Dem ist auch grundsätzlich überhaupt nichts entgegenzusetzen. Gleichzeitig besteht der Fehler weniger darin falsch zu beobachten als vielmehr gänzlich darauf zu verzichten. Im Gesamtkontext „wirkungsvolle Führungsarbeit" stellt die Beobachtung einen absolut integralen Bestandteil dar. Insbesondere wenn Führungskräfte eine neue Einheit übernehmen, stelle ich immer wieder fest, dass voller Tatendrang und mit „Masterplan" bewaffnet, unmittelbar zur Umsetzung übergegangen wird – schließlich könne sowohl die notwendige Erfahrung als auch die erforderlichen Fähigkeiten vorgewiesen werden, weshalb man ja schließlich mit der Aufgabe betraut wurde. Gleichzeitig ist gerade dieser Umstand maßgeblich dafür, dass die sogenannte „Failure rate" – also die Quote des Scheiterns bei neuen und mitunter externen Führungskräften beachtlich hoch ist. Dies hängt damit zusammen, dass eben – wie bereits im vorangegangenen Abschnitt erläutert – sehr häufig die Akzeptanz für eine Neuausrichtung fehlt. Insofern ist es aus meiner Sicht unabdingbar, dass ich mir als Führungskraft im Vorfeld die bereits etablierte Herangehensweise sehr genau ansehe und über einen längeren Betrachtungszeitraum Auffälligkeiten identifiziere. Diese Auffälligkeiten können selbstverständlich positiv wie negativ sein. Bei positiven Aspekten empfehle ich immer, diese unverändert aufrecht zu erhalten – alles andere wäre weder nachvollziehbar noch vertretbar. Verbesserungswürdige Auffälligkeiten hingegen sollten unbedingt auch entsprechend als solche deklariert werden können, das heißt es ist zwingend notwendig die Missstände nicht nur zu benennen, sondern – ganz entscheidend – diese auch begründen zu können. Dies sollte immer auch anhand von konkreten Fallbeispielen und Zahlen/Fakten erfolgen – idealerweise gemäß der Feedback-Regel verpackt als Ich-Botschaft („mir ist aufgefallen, dass..."). Umso konkreter Verbesserungspotentiale erläutert und – viel wichtiger – auch entsprechend begründet werden können – desto höher ist die Chance für die Akzeptanz der Neuausrichtung. Daher empfehle ich immer, die Auffälligkeiten sowie deren Auswirkungen anhand von Beispielen konkret zu belegen. Dies gilt im Übrigen nicht nur für neue Teamkonstellationen, sondern auch für den Regelbetrieb, das heißt immer dann, wenn Sie eine prozessuale, administrative oder operative Veränderung herbeiführen wollen, sollten Sie im Vorfeld genau beobachtet haben, wie sich die bisherige Herangehensweise auf die Ergebnisse ausgewirkt hat und dies auch faktisch belegen können. Dies erhöht zweifellos die Akzeptanz der Führungskraft sowie für mögliche oder notwendige Veränderungen.

5.2 Commitment

Commitment ist ebenfalls einer dieser buinsess-typischen Begriffe, die ausschließlich als Anglizismus gebraucht werden und deren tatsächliche Bedeutung vielen gar nicht bekannt ist. Auch der Kontext, in dem dieser Begriff eingesetzt wird, variiert sehr stark. Es gibt jedoch drei wesentliche Zielgruppen, die im Zusammenhang mit Commitment immer wieder auftreten: Kunden, Mitarbeiter und Bewerber.

Ist also Commitment mit Verweis auf Kunden gemeint, dann geht um die Verbindlichkeit, mit der ein Kunde am Vertriebsprozess partizipiert und drückt gleichzeitig die Wahrscheinlichkeit aus, mit der es letztlich zu einem Vertragsabschluss kommt. Im Gegensatz dazu assoziiert Commitment bei Mitarbeitern die Loyalität dem Unternehmen, dem Vorgesetzten und/oder der Aufgabe gegenüber. Commitment bei Bewerbern hingegen bringt zum Ausdruck, wie konkret der Wunsch nach einer bestimmten Stelle ist.

Aber wie lässt sich nun Commitment jeweils aktiv beeinflussen und am Ende des Tages auch evaluieren?

Personalsteuerung

Wie bereits beim Kapitel Auswahl erläutert, geht es bei der Commitment-Erzeugung beziehungsweise-Steuerung um Aktivierung der Zielperson. Wollen Sie also Commitment bei Kunden, Mitarbeitern oder Bewerbern erkennen, dann sollten Sie die Zielperson aktivieren, indem Sie Aufgaben stellen: die Bitte um Zusendung von Produktdaten zur Erstellung eines Angebots an Kunden, die Rückfrage zu einem Kundenbesuchsbericht beim Mitarbeiter oder eben auch der Hinweis an den Bewerber, bestimmte Zeugnisse und Nachweise nachzureichen. Je schneller die Aufgabe angenommen und abgearbeitet wird einerseits und je qualitativ besser sie gelöst wird andererseits, desto genauere Erkenntnisse gewinnt man über das Commitment.

Sie können allerdings auch selbst Einfluss auf das Commitment-Level ihrer Zielperson nehmen, indem Sie beispielsweise ihrerseits zeitnah und konkret auf Wünsche, Anregungen oder Rückfragen reagieren. Eine andere Möglichkeit stellt das Mittel der Zusammenfassung dar: wenn Sie zum Beispiel Ihrem Kunden im Nachgang an das letzte gemeinsame Verkaufsgespräch eine kurze Zusammenfassung mit den wichtigsten Beschlüssen, Zwischenständen oder Vereinbarungen zukommen lassen, vermeiden Sie Missverständnisse und sorgen auf diese Weise dafür, dass sich Ihr (potenzieller) Kunde bei Ihnen in guten Händen fühlt. Beides erhöht dann unmittelbar das Commitment zum Kunden und bringt Sie Stück für Stück naher an Ihren Verkaufsabschluss. Analog dazu können Sie mit exakt der identischen Herangehensweise das Commitment ihrer Mitarbeiter erhöhen: fassen Sie zum Beispiel Vereinbarungen aus Mitarbeitergesprächen im Nachgang nochmals schriftlich zusammen und händigen diese Ihrem Mitarbeiter aus. Auf diese Weise stellen Sie sicher, dass beide Parteien eine identische Wahrnehmung haben und schaffen Verbindlichkeit, indem Sie sich im Nachgang auch an der schriftlichen Zusammenfassung messen lassen. Losgelöst von persönlichen Sympathien und Befindlichkeiten wird das die Bereitschaft für eine weitere Zusammenarbeit in jedem Fall positiv beeinflussen.

5.3 Dokumentation

Daran anknüpfend wollen wir nun das Thema „Dokumentation" näher beleuchten und erläutern, worauf hierbei besonders zu achten ist. Ehrlicherweise wirkt dieser Begriff in einer zunehmend digitalisierten Geschäftswelt konservativ, bürokratisch und damit eben nicht mehr zeitgemäß.

Ganz unabhängig davon, mit welchem Instrument Sie dokumentieren – denn selbstredend lässt sich auch die Dokumentation digital abbilden – beschäftigten wir uns in diesem Abschnitt eher mit der Art und Weise sowie mit den Inhalten.

In der überwiegenden Zahl aller Fälle habe ich über die letzten Jahre hinweg die Erfahrung gemacht, dass Dokumentationen zu den eher unbeliebten Aufgaben von Mitarbeitern zählen. Da es jedoch in den allermeisten Betrieben etabliert ist, bestimmte Arbeitsvorgänge zu dokumentieren, wird es im Regelfall auch erledigt – wie zeitnah, inhaltlich fundiert und gewissenhaft das am Ende erfolgt, lasse ich an dieser Stelle bewusst unkommentiert.

Worin aber liegt überhaupt der Sinn und Zweck von Dokumentationen und warum sollten Sie insbesondere als Führungskraft bestimmte Auffälligkeiten, unabhängig ob diese positive oder negative Effekte haben, dokumentieren?

Hier kommen wir erneut zum Thema Akzeptanz. Gehen wir beispielhaft davon aus, dass Sie mit den Arbeitsergebnissen Ihrer Mitarbeiter – aus welchen Gründen auch immer – nicht zufrieden sind. In diesem Fall haben Sie zwei Optionen: entweder Sie nehmen dies zähneknirschend hin und hoffen darauf, dass sich die Ergebnisse von selbst wieder bessern, oder Sie sprechen es gegenüber dem betroffenen Mitarbeiter aktiv an und arbeiten daran, das Problem zu lösen. Nehmen wir an dieser Stelle an, Sie entscheiden sich für letztere Option. In diesem Fall sollten Sie sich darüber im Klaren sein, dass Ihnen ein klassisches Kritikgespräch bevorsteht.

Wie ein Kritikgespräch im Detail aussieht und was dabei zu beachten ist, darauf werden wir später nochmals eingehen. Da die wenigsten Mitarbeiter ein Kritikgespräch zu den bevorzugten Gesprächsanlässen mit ihren Vorgesetzten zählen dürften, sollten Sie auf keinen Fall den Fehler machen und unvorbereitet in ein solches Kritikgespräch gehen. Aber genau dieser Fehler unterläuft sehr vielen Führungskräften, die neben einer fehlenden oder mangelhaften Vorbereitung zusätzlich noch den Kapitalfehler begehen und ein Kritikgespräch unangekündigt, spontan und bisweilen aus der Emotionalität heraus zu führen.

Die Vorbereitung auf ein Kritikgespräch und damit einhergehend die Dokumentation ist alleine deshalb so essentiell, weil sie maßgeblich entscheidend für den Verlauf des Gesprächs sein wird. Inwieweit die Botschaft beim Mitarbeiter aber überhaupt ankommt und es am Ende auch zu einer Verhaltensänderung führt, hängt wiederum in ganz entscheidendem Maße davon ab, ob und wie die Kritik belegt werden kann. Kann die Kritik nicht oder zumindest nicht nachvollziehbar belegt werden, kann sich ein Kritik- sehr schnell und einfach zu einem Streitgespräch entwickeln. Das ist nämlich dann der Fall, wenn gegensätzliche Wahrnehmungen ausgetauscht werden und somit keine Akzeptanz für die vorgebrachte Kritik erzeugt wird. Dies tritt meistens dann ein, wenn, anstatt konkrete Beispiele zu nennen vorwiegend über Gefühle, Wahrnehmungen und Eindrücke gesprochen wird. Diese sind zwar wichtig und meistens auch der Impuls für Kritikgespräche – sie reichen aber nicht aus, um ein Kritikgespräch ziel- und ergebnisorientiert zu führen.

Wichtig und ganz entscheidend ist es deshalb, dass der Vorgesetzte konkrete Beispiele und Einzelfälle benennen kann.

Idealtypisch sollten diese zeitlich, inhaltlich und notfalls auch im Wortlaut möglichst präzise dokumentiert sein. Je genauer die Dokumentation nämlich erfolgt, desto weniger Diskussionspotential entsteht und desto schneller wird der Mitarbeiter die Kritik auch akzeptieren. In diesem Fall wird aus einem vermeintlich subjektiven Empfinden eine objektive Betrachtung, die auch belegt werden kann. Wenn dies dann auch noch ohne jegliche Emotion und Vorhaltungen vorgetragen wird, ist die Zustimmung des Mitarbeiters quasi vorprogrammiert.

5.4 KPI-Management

Key Performance Indicators – oder auch gängig abgekürzt als KPIs – sind letztlich nichts anderes als Kennzahlen, die in unterschiedlichen Kategorien den Grad der Zielerreichung beschreiben.

Dabei gibt es keine festgelegte Struktur, welche KPIs vorrangig sind gegenüber anderen. Vielmehr sollte jede Organisationseinheit für sich relevante Kennzahlen festlegen, die jeweils Aufschluss über das aktuelle Leistungsniveau liefern.

Wichtig ist an dieser Stelle darauf hinzuweisen, dass Kennzahlenbetrachtungen im Idealfall immer dynamisch erfolgen sollten. Das bedeutet, dass situationsbedingt und je nach spezifischer Anforderung bestimmte Kennzahlen von Relevanz sind, während die gleichen Kennzahlen in einer anderen Konstellation wenig bis gar keine Aussagekraft besitzen.

Aus Gründen der Einheitlichkeit und zur Veranschaulichung bleiben wir weiterhin exemplarisch bei Vertriebsorganisationen. Vereinfacht ausgedrückt wird die Leistungsfähigkeit von Vertriebseinheiten immer im Verhältnis Input zu Output dargestellt. Das bedeutet, was und vor allem wieviel muss der einzelne Mitarbeiter investieren, um ein bestimmtes Ergebnis zu erzielen. Vor diesem Hintergrund ist es daher von entscheidender Bedeutung Kennzahlen nicht nur als absolute Größen

Personalsteuerung

zu betrachten, sondern immer relativ als Quote oder Ratio. Eine grundsätzlich wichtige Kennzahl im Vertriebsumfeld ist in aller Regel die Anzahl an Kundeninteraktionen, das heißt zum Bespiel, mit wie vielen verschieden Ansprechpartnern hat der Vertriebsmitarbeiter persönlich gesprochen, telefoniert oder schriftlich korrespondiert. Der absolute Wert dieser Kennzahl ist jedoch nur sehr bedingt aussagekräftig in Bezug auf Wirksamkeit, Effizienz und Erfolg eines einzelnen Mitarbeiters. Wird dieser Wert jedoch ins Verhältnis gesetzt beispielsweise zu erhaltenen Kundenanfragen oder die Gesamtzahl seiner erstellten Angebote, ist eine Interpretation schon deutlich präziser möglich.

Gehen wir weiterhin exemplarisch davon aus, dass der betreffende Mitarbeiter im Durchschnitt mindestens zehn telefonische Gespräche mit potenziellen Kunden benötigt, um mindestens eine konkrete Anfrage zu erhalten, lautet die Ratio eins zu zehn. Dadurch ist in jedem Fall eine team- oder abteilungsinterne, leistungsbezogene Vergleichbarkeit zwischen den einzelnen Kollegen möglich.

An dieser Stelle weise ich explizit darauf hin, dass dieses Vorgehen natürlich auch kritisch gesehen wird und mittlerweile längst nicht alle Unternehmen derartige Methoden verwenden, um das Leistungsvermögen ihrer Mitarbeiter zu evaluieren. Da es aber insbesondere in Vertriebseinheiten zwangsläufig auch immer um ein Mindestmaß an Ergebnisorientierung geht, sind Analysen und Vergleiche dort auch nach wie vor stark verbreitet.

Ratios werden aber nicht nur in Zusammenhang mit internen Vergleichen herangezogen. Genauso gängig ist es Ratios aufgrund von Erfahrungswerten zu bestimmen und als Zielvorgaben festzulegen. Dabei ist jedoch immer auch der individuelle Reifegrad des Mitarbeiters zu berücksichtigen, somit sollten auch die Zielvorgaben entsprechend darauf abgestimmt sein.

Personalführung im Wandel

Um im Fallbeispiel zu bleiben: wenn also die Erfahrungswerte besagen, dass im Durchschnitt der letzten Jahre und im Querschnitt über alle Mitarbeiter die Ratio zwischen Kundeninteraktion und erhaltener Anfrage grob bei eins zu zehn liegt, dann wäre eine Quote von beispielsweise eins zu zwanzig eindeutig ein unterdurchschnittlicher und somit nicht ausreichender Wert.

In diesem Kontext kommt es bedauerlicherweise immer wieder zu eklatanten Führungsfehlern. Nach wie vor erlebe ich Führungskräfte, die in derart gelagerten Fällen ihre Mitarbeiter dazu anhalten, ihren Input zu erhöhen. Nun ist es allerdings ein fundamentaler Irrglaube davon auszugehen, das Ergebnis automatisch zu verbessern indem lediglich die eigene Aktivität erhöht wird. Die eben beschriebene Ratio sagt aber zunächst noch nichts aus über das Leistungsvermögen des Mitarbeiters. Sie liefert einzig und alleine die Erkenntnis darüber, an welcher Stelle des Verkaufsprozesses es eine offensichtliche Unregelmäßigkeit gibt. Diese Unregelmäßigkeit wiederum sollte eine Führungskraft dazu veranlassen, inhaltlich in die Analyse einzusteigen, um mögliche Ursachen zu identifizieren. Sinnvolle Leitfragen könnten hier zum Beispiel sein „Worüber genau spricht der Mitarbeiter mit dem Kunden", „Inwieweit hat er den Bedarf des Kunden richtig erfasst und auch verstanden" oder auch „Wie hat der Mitarbeiter auf Einwände des Kunden reagiert". Diese Leitfragen sind nur exemplarisch und können beliebig angepasst werden. In jedem Fall dienen Sie aber dazu herauszufinden, ob die ausbaufähige Ratio möglicherweise auch methodische Ursachen hat, sprich ob der jeweilige Mitarbeiter methodische Schwächen in seiner Herangehensweise offenbart. In diesem Fall wäre es nämlich ein völlig kontraproduktiver Ansatz mit diesem Mitarbeiter über Steigerung seines Inputs zu sprechen, weil er im Zweifelfall damit nur seine Fehlerquote vergrößert, letztlich aber nicht das Ergebnis verbessert. Stattdessen beginnt hier der Korrektur- oder Gegensteuerungsprozess.

Genau aus diesem Grund halte ich unter Führungsgesichtspunkten im Hinblick auf Mitarbeiterentwicklung KPIs abstrakt betrachtet als kein ausreichendes Steuerungsinstrument. KPIs sollten in der Mitarbeiterführung primär als Orientierungsgröße dienen, um gegebenenfalls Schwachstellen zu identifizieren. Nur wenn diese auch konsequent behoben werden, können damit nachhaltig auch bessere Ergebnisse erzielt werden. Gleichzeitig können Führungskräfte mit dieser Herangehensweise eine deutlich bessere Akzeptanz bei Ihren Mitarbeitern erreichen, da Leistungen nicht einfach nur pauschal nach absoluten Größen, sondern unter Einbeziehung sämtlicher, relevanter Parameter betrachtet werden.

5.5 Effizienz vs. Effektivität

Geht es allgemeinhin um die Bewertung der Arbeitsleistung, werden folgende Begriffe meist in einem Atemzug mit KPI-Management genannt: Effizienz und Effektivität.

Dabei werden sie sehr häufig auch als gegenseitige Synonyme gebraucht, was inhaltlich logischerweise aber nicht zutreffend ist.

Obwohl es in der Tat eine eindeutige und klare Abgrenzung zwischen Effizienz und Effektivität gibt, wird diese durch die zahlreichen und mitunter sehr unterschiedlichen, wissenschaftlichen Definitionen wieder verschoben.

Daher weise ich an dieser Stelle erneute darauf hin, keinen Anspruch auf Richtigkeit zu erheben und erläutere die Unterscheidung nach meinem Verständnis. Mit diesem Verständnis habe ich mich in der Leistungsbeurteilung sowie mit deren Nachvollziehbarkeit durch die betroffenen Mitarbeiter sehr gut arrangiert.

Vereinfacht und auf die eigentliche Kernbotschaft reduziert geht es darum, dass Effizienz vorrangig einen Zeit- und Effektivität einen Ergebnisbezug hat.

Um die Klarheit zu schärfen, bleiben wir zunächst beim Thema Effektivität. Erfüllt der Mitarbeiter seinen Arbeitsauftrag anforderungsgerecht, dann ist er ohne jeglichen Zweifel effektiv. Erfüllt er diesen gleichzeitig auch in einer vorgegebenen Zeit, ist er damit auch effizient. Erzielt ein Mitarbeiter im Vergleich zu seinen Kollegen identische Arbeitsergebnisse, dann ist er in seiner Leistungsbeurteilung effizienter. Wenn er umgekehrt in der gleichen Zeit qualitativ und quantitativ bessere Ergebnisse erreicht, ist der Mitarbeiter vergleichsweise entsprechend effektiver.

Diese Diskussion wird häufig in Verbindung mit Arbeitszeiten gebracht. Allerdings gibt es dabei auch eine zentrale Unterscheidung: geht es um die reine Anwesenheit oder um die effektive Nettoarbeitszeit. Zugebenermaßen ist letzteres sehr schwierig zu messen. Sofern es die jeweilige Aufgabe ermöglicht, sollte die Arbeitszeit immer in Relation zu den erzielten Ergebnissen gebracht werden. Allerdings ist hier auch der arbeitsrechtliche Aspekt zu berücksichtigen, da der Mitarbeiter dem Arbeitgeber gegenüber grundsätzlich die arbeitsvertraglich geregelte Wochen- oder Monatsstundenleistung schuldet. In aller Regel sind in Arbeitsverträgen – mit Ausnahme von Pausenzeiten – keinen Nettoarbeitszeiten erfasst. Dies wäre schlicht und ergreifend administrativ kaum zu erfassen.

Welche Empfehlung lässt sich daraus aber dann für die Praxis ableiten? Meine persönliche Empfehlung geht daher in die Richtung, dass ich die reine Anwesenheit nicht honorieren würde, wenn zeitgleich die Ergebnisse hinter den Erwartungen liegen. Umgekehrt bedeutet das selbstverständlich, dass gute und sehr gute Ergebnisse durchaus auch arbeitszeittechnisch incentiviert werden können – und in einem derart gelagerten Fall die Arbeitswoche oder der einzelne Arbeitstag bei entsprechenden Ergebnissen zum Beispiel früher beendet werden können. Erfahrungsgemäß haben solche Maßnahmen durchaus positive Abstrahlungseffekte auf andere Kollegen, neben der eigenen Zielerreichung auch die persönliche Effizienz zu optimieren.

Bei entsprechend richtiger Aussteuerung von Effizienz und Effektivität profitieren damit wiederum beide Parteien – Führungskräfte und Mitarbeiter – gleichermaßen.

5.6 Leadmanagement

Rein aus Definitionssicht geht es beim Leadmanagement um eine ergebnisorientierte Koordination von Kundenanfragen, und zwar über den gesamten Prozessverlauf.

Beginnend zum Zeitpunkt des Anfrageeingangs bis hin zum Vertragsabschluss. Somit liegt der Verdacht nahe, dass es sich hierbei um ein klassisches Vertriebssteuerungselement handelt. Der Verdacht ist insofern durchaus berechtigt, da Festlegung und Bestimmung geeigneter Kanäle, über welche Leads generiert werden auch tatsächlich im Rahmen des Leadmanagements erfolgen und somit die Basis darstellen. Inwieweit es am Ende in der Verantwortung der Führungskräfte beziehungsweise der operativen Mitarbeiter liegt, darüber gehen die Meinungen jedoch stark auseinander. Aus meiner Perspektive hängt die Beantwortung dieser Frage sowohl mit dem Reifegrad des Marktes, des Produktes sowie letztlich auch dem des betreffenden Mitarbeiters ab. Das bedeutet, dass ein verhältnismäßig ausgereiftes Produkt in einem weitgehend reifen Markt durchaus in die Hände des Mitarbeiters gelegt werden kann und er eigenverantwortlich Quellen und Kanäle identifiziert, über die er qualifizierte Kundenanfragen generieren kann. Im digitalen Technologiezeitalter ergeben sich hierfür völlig neue Potentialfelder. Während bisher Anfragen überwiegend durch telefonische oder persönliche Kundengespräche oder auch auf Messen generiert wurden lassen sich insbesondere durch Social Media neue Potentialfelder erschließen. Da ich das Thema Social Selling in einem separaten Kapitel behandeln werde, gehe ich an dieser Stelle nicht weiter ins Detail. Daneben nutzen immer mehr Unternehmen Online-Plattformen wie etwa Google Analytics, mit Hilfe derer sich Webaktivitäten nachvollziehen lassen. In diesem Kontext wird häufig auch von digitalen Fußabdrücken gesprochen, das heißt, welche Menüpunkte hat der User in welcher Reihenfolge auf der jeweiligen Homepage aufgerufen und über welche Suchbegriffe ist er überhaupt dort gelandet. Somit lassen sich wertvolle Kundendaten erfassen, die auf ein konkretes Bedarfsmuster hindeuten und wodurch sich die Kundenansprache deutlich zielgerichteter adressieren lässt.

Jedoch handelt es sich um einen Irrglauben, davon auszugehen, dass der wesentliche Teil des Leadmanagements mit dem Anfrageeingang bereits erledigt sei. Tatsächlich beginnt die eigentliche Führungsarbeit exakt an diesem Punkt. Zunächst geht darum gemeinsam mit dem Mitarbeiter eine Potentialbewertung durchzuführen. Dabei geht es um Fragestellungen wie zum Beispiel „wie hoch ist die Abschlusswahrscheinlichkeit?", „welche Wettbewerber hat der Kunde ebenfalls angefragt?", „wie weit ist der Auswahlprozess bereits fortgeschritten?" oder eben auch „wie hoch ist das Auftragsvolumen und mögliches Folgegeschäft?". Denn genau diese Frage ist in der Praxis häufig sehr schwierig zu beantworten, nicht zuletzt aufgrund möglicher Interessenskonflikten zwischen Mitarbeiter und Führungskraft. Salopp formuliert geht es dabei um den Spagat zwischen dem möglichst schnellen, kurzfristigen Abschluss auf der einen Seite und dem strategisch wichtigen, großvolumigen Deal auf der anderen Seite. Je nach dem wie die einzelnen Antworten gewichtet werden, sollten Führungskraft und Mitarbeiter auch die Priorisierung zur Bearbeitung entsprechend gemeinsam festlegen. Die Priorisierung bezieht sich in diesem Fall auf die Bearbeitungsdauer beziehungsweise die Deadline bis wann das Angebot dem Kunden vorliegt. Dementsprechend sollte

Personalsteuerung

die Führungskraft auch festlegen, welche Ressourcen und in welchem Umfang zur Erstellung des Angebots erforderlich sind. Abhängig von der jeweiligen Priorisierung wird üblicherweise dann auch ein konkreter Zeitplan bestimmt, nach dem der Prozess bis hin zu einem möglichen Vertragsabschluss abgearbeitet werden sollte. Die einzelnen Etappen und Meilensteine sind dann als Zwischenergebnisse durch die Führungskraft entsprechend nachzuhalten beziehungsweise auch einzufordern.

Auf diese Weise können Führungskräfte ein stringentes Leadmanagement sicherstellen und somit auch aktiv zur Ergebnisoptimierung beitragen. Obwohl dieser Ansatz für den Mitarbeiter häufig mit zusätzlichem Aufwand verbunden ist, profitiert er ebenfalls. Er erhält klar definierte Leitlinien und Handlungsempfehlungen, wodurch er letztlich seinen Output steigert.

5.7 Portfoliomanagement

Analog zum Thema Leadmanagement hat auch das Portfoliomanagement seinen Ursprung im Vertrieb. Obwohl die beispielhafte Erläuterung der einzelnen Themen in diesem Buch, wie bereits mehrfach erwähnt aus der Perspektive einer Vertriebsorganisation erfolgen, besitzen sie überwiegend dennoch eine Allgemeingültigkeit für Führungskräfte. Beim Thema Portfoliomanagement ist dies nicht der Fall. Ich habe mich dennoch entschieden diesen Themenkomplex explizit zu behandeln, da er für Führungskräfte im Vertrieb eine nahezu existenzielle Bedeutung hat.

Erstaunlicherweise wird dem Thema in der Praxis nach wie vor und zu häufig eine eher untergeordnete Rolle beigemessen beziehungsweise kommt es nicht zu einer konsequenten Umsetzung. Aber worum geht es beim Portfoliomanagement im eigentlichen Sinne und was bedeutet es?

Grundsätzlich beschreibt Portfoliomanagement die Koordination und Aussteuerung von potenziellen Zielkunden für einzelne Vertriebsmitarbeiter. Zunächst geht es dabei um die Zusammensetzung des Portfolios, das heißt, welcher Mitarbeiter bekommt welche Zielkunden zugeordnet. Dafür gibt es unzählige und teils sehr unterschiedliche Philosophien. Während sehr junge Unternehmen per se über keine großartige Kundenhistorie verfügen können, gibt es entsprechend wenig Erfahrungswerte. Ergo sind Vertriebsmitarbeiter in solchen Unternehmen tendenziell eher auf sich selbst gestellt, um sich ein Portfolio mit Zielkunden aufzubauen. Im Gegensatz dazu verfügen etablierte Unternehmen in der Regel über einen entsprechenden Kundenstamm und könnten daher auch neuen Mitarbeitern Bestandskunden für deren Portfolien zuordnen. Inwieweit das sinnvoll ist beziehungsweise es auch dazu kommt, hängt von sehr vielen Details sowie letztlich auch von der jeweiligen Unternehmensphilosophie ab.

Ist das Portfolio einmal erstellt, gehen einige Vertriebsführungskräfte irrtümlicherweise davon aus, dass das Portfoliomanagement damit bereits abgeschlossen sei – ehrlicherweise beginnt es an dieser Stelle erst. Bei der Zusammenstellung von Portfolios für neue Mitarbeiter habe ich in meinem Fall immer auf eine möglichst starke Heterogenität geachtet, damit der Lern- und Entwicklungsprozess ganzheitlich abgedeckt werden kann. Das impliziert, dass Portfolios zu einem bestimmten Anteil immer Bestandskunden enthalten sollten, ergo aktive Kunden, mit denen es aktuelle Geschäftsbeziehungen gibt. Diese Beziehungen zu festigen und weiter auszubauen, gehört zweifelsfrei zu den Aufgaben eines Vertriebsmitarbeiters. Daneben sollte ein Portfolio möglichst immer auch einen signifikanten Anteil an inaktiven Bestandskunden enthalten, das heißt Kunden, mit denen es zwar keine aktuelle aber eben eine ehemalige Geschäftsbeziehung gab. Um diese inaktiven Kunden wieder zu reaktivieren und zurückzugewinnen bedarf es teilweise sogar eine noch stär-

Personalsteuerung

kere Überzeugungskraft im Vergleich zur Neukundenakquise. Letztendlich ist und bleibt der Gewinn von Neukunden die Königsdisziplin im Vertrieb und ist meist auch der Hauptgrund für die Einstellung von neuem Personal.

Wie eingangs in diesem Kapitel bereits erwähnt geht es eben nicht nur um die Erstellung, sondern primär um die Koordination und Aussteuerung von Kunden. Damit beschreibt der Begriff Management einen dynamischen Prozess, der idealerweise eine positiven Entwicklungsverlauf aufweist. Dafür ist es erforderlich, dass innerhalb eines festgelegten Zyklus' sogenannte Portfolioreporting stattfinden. In derartigen Portfolioreportings sollte die Führungskraft die Rolle des „Challengers", ergo des Herausforderers einnehmen und durch gezielte Rückfragen gemeinsam mit dem jeweiligen Vertriebsmitarbeiter die Potentialausschöpfung evaluieren. Logischerweise geht es in diesem Zusammenhang auch um eine Leistungsbewertung des Mitarbeiters, das heißt, es sollte anhand gezielter Leitfragen verifiziert werden, inwieweit sich das vorhandene Kundenpotential mittels der gewählten Vertriebsstrategie des Mitarbeiters ausschöpfen lässt. Daraus können sich im Prinzip zwei Szenarien ergeben: 1.) Der Mitarbeiter agiert fachlich, methodisch und strategisch korrekt und erzielt dennoch keinen Vertriebserfolg. In diesem Fall lautet die Schlussfolgerung, dass der betreffende Zielkunde über kein ausreichendes Potential verfügt und deshalb aus dem Portfolio entfernt werden sollte. 2) Der Mitarbeiter zeigt fachlich, methodisch oder strategische Defizite, die letztlich verantwortlich dafür sind, das nachweislich vorhandene Kundenpotential nicht auszuschöpfen. In diesem Fall sollte konkret darüber nachgedacht werden, den Kunden anderweitig zu verteilen.

Daraus ergibt sich folglich, dass ein Portfolio möglichst dynamisch gehalten und somit regelmäßig umdisponiert werden sollte. Das impliziert, dass wenig bis nicht potentialträchtige Kunden entfernt und durch entsprechend potentialträchtige

Zielkunden ersetzt werden sollten. Inwieweit der Impuls beziehungsweise der Vorschlag, welcher Kunde neu im Portfolio aufgenommen werden sollte, vom jeweiligen Vorgesetzten oder vom Mitarbeiter selbst kommt, ist dabei nicht relevant.

Wie bereits eingangs erläutert kommt es beim Portfoliomanagement entscheidend darauf an, den Entwicklungsfortschritt der enthaltenden Kunden zu dokumentieren. Durch die bereits erwähnten Leitfragen während eines Portfolioreportings ergeben sich in aller Regel offene Punkte, woraus sich wiederum Aufgaben und ToDos bis zum darauffolgenden Reporting ableiten. Idealerweise werden diese Aufgaben protokolliert und können auf diese Weise beim nächsten Termin überprüft werden. Der Vorteil dieser Herangehensweise ist vielschichtig: für den Mitarbeiter entsteht auf diese Weise klare Transparenz, was von ihm erwartet wird und was er konkret dafür tun muss, um sein persönliches Kundenportfolio schrittweise weiterzuentwickeln. Aus Sicht des Vorgesetzten entsteht dadurch eine nachhaltige Kundenentwicklungsstrategie mit dem Ziel das vorhandene Kundenpotential sukzessive immer weiter auszuschöpfen und damit das Umsatzvolumen kontinuierlich zu erhöhen.

5.8 Qualitätssicherung

Qualitätssicherung ist typischerweise ein Begriff aus dem Ingenieurwesen. Allerdings hat er auch im Bereich der Personalführung Relevanz. Unabhängig davon ob die Führungskraft selbst in die Einarbeitung eines Mitarbeiters involviert ist oder diese Aufgabe delegiert hat, trägt sie letztlich die Verantwortung für die fachlich und methodisch korrekte Ausführung einer bestimmten Tätigkeit.

Bleiben wir zum besseren Verständnis erneut beim Beispiel einer Vertriebsorganisation. Um ein Verkaufsgespräch zum Erfolg führen zu können, muss ein Vertriebsmitarbeiter erstmal Struktur, Ablauf und Umsetzung verinnerlichen. Insbesondere in einer sehr frühen Phase der Einarbeitung erfolgt die Umsetzung unter gemeinsamer Anleitung oder Beaufsichtigung, was für den Entwicklungsprozess durchaus auch förderlich ist. Ist dieser Schritt abgeschlossen, werden Mitarbeiter häufig ihrem Schicksal überlassen – die Rede ist dann häufig vom berühmt-berüchtigten Sprung ins kalte Wasser. Auch hiergegen ist absolut nichts einzuwenden – im Gegenteil: je früher Mitarbeiter selbständig agieren (dürfen) desto früher ist in der Regel auch der Einarbeitungsprozess beendet. Die Gefahr, die dabei besteht, ist, dass eine Qualitäts- und Ergebniskontrolle erfahrungsgemäß erst dann eintritt, wenn der Verkaufsprozess vollständig beendet ist oder es an einer anderen Stelle stockt.

Da die einzelnen Phasen im Verkaufsprozess inhaltlich und logisch aufeinander aufbauen, wird eine kleine Unachtsamkeit zu Beginn nicht spürbar ins Gewicht fallen und dürfte damit den weiteren Verlauf kaum beeinträchtigen. In den meisten Fällen treten die Auswirkungen erst ganz am Ende des Verkaufsprozesses auf – nämlich dann, wenn es nicht zum Vertragsabschluss kommt. Während die Enttäuschung erwartungsgemäß sehr groß ist, tritt zeitgleich meistens auch Verwunderung auf, weil die Absage des Kunden nicht nachvollziehbar erscheint. Um genau diese Situation zu vermeiden, sollte jede Führungskraft eine Qualitätssicherungsfunktion übernehmen und daher das Vorgehen des Mitarbeiters auch etappenweise überprüfen.

Ich gebe ein Beispiel: jeder Vertriebsmitarbeiter wird im Rahmen seiner Einarbeitung oder Ausbildung lernen, dass die Bedarfsanalyse sozusagen das Herzstück des Verkaufsprozesses ist. Ebenso die Tatsache, dass der Bedarf des Kunden möglichst mit offenen Fragestellungen abgeklärt werden soll. Erfahrungsgemäß eher selten wird eine Bedarfsanalyse dafür genutzt, um die eigenen Erfolgschancen möglichst gut messbar zu machen – was ich jedoch für ganz elementar erachte.

Mögliche Fragen könnten dann beispielsweise sein: „An wie viele Mitbewerber haben Sie Ihre Anfrage bereits herausgegeben?", „Wie weit sind Sie im Auswahlprozess bereits fortgeschritten?" oder auch „Nach welchen Kriterien treffen Sie letztlich Ihre Entscheidung?".

Mit Hilfe der Qualitätssicherung soll zunächst natürlich erreicht werden, dass alle entscheidenden Fragen auch gestellt werden und eben nichts übersehen oder vergessen wurde. Weiterhin bedeutet Qualitätssicherung aber auch festzustellen, inwieweit die erhalten Antworten tatsächlich auch mess- und verwertbare Aussagen geliefert haben. Antwortet der Kunde auf die Frage „Wie weit sind Sie im Auswahlprozess bereits fortgeschritten?" mit „Noch nicht sehr weit!", dann enthält diese Aussage eben keinerlei messbaren Wert hinsichtlich der eigenen Erfolgssausicht. Durch die Qualitätssicherung, die idealerweise gemeinsam mit dem Mitarbeiter durchgeführt wird, sollten zum einen solche Ungenauigkeiten identifiziert und zum anderen der Prozess damit nachgeschärft und nachgesteuert werden. Je nach dem wie die Antwort auf die Rückfrage dann ausfällt, lässt sich die Erfolgsaussicht auf einen Verkaufsabschluss deutlich realistischer einschätzen. Insofern kann der Mitarbeiter dann für sich selbst entscheiden, inwieweit er den betreffenden Prozess mit höchster Priorität weiterverfolgt oder sein Hauptaugenmerk auf einen alternativen Prozess richtet. In jedem Fall trägt die Qualitätssicherung dazu bei, Vertriebsressourcen deutlich effektiver einzusetzen und die Planbarkeit von Erfolg besser messbar zu machen.

Damit würden dann sowohl der Mitarbeiter selbst als auch die Linienvorgesetzten profitieren.

Personalsteuerung

5.9 Jour-Fixe

Insbesondere vor dem Hintergrund, dass die Sinnhaftigkeit eines sogenannten Jour Fixe mittlerweile sehr kontrovers diskutiert wird, will ich ganz bewusst darauf eingehen.

Im Gegensatz zu den allermeisten anderen Begrifflichkeiten, die in diesem Buch behandelt werden, ist die Bedeutung der Bezeichnung „Jour Fixe" überwiegend einheitlich und eindeutig belegt. Vereinfacht dargestellt geht es dabei um einen festgelegten, wiederkehrenden Serientermin, an dem sich ein bestimmter Personenkreis zusammenfindet. Dabei ist es zunächst unerheblich, ob die Treffen persönlich oder virtuell stattfinden und ob diese entweder immer am gleichen Wochentag beziehungsweise am gleichen Tag eines Monats angesetzt werden. Übertragen auf einen Business-Kontext werden diese Regeltermine üblicherweise für Meetings zu unterschiedlichen Themen genutzt.

Klassischerweise werden Team- oder Abteilungsmeetings als „Jour Fixe" abgehalten.

Grundsätzlich halte ich das persönlich auch für durchaus sinnvoll, weil auf diese Weise ein Mindestumfang an internem, fachlichen Austausch gewährleistet wird. Erfahrungsgemäß wird diese Einschätzung auch von den meisten Mitarbeitern geteilt.

Regelmäßig stattfindende Zusammenkünfte organisatorischer Einheiten wie eben Teams oder Abteilungen fördern in aller erster Linie die Identifikation einzelner Mitarbeiter mit ihren Kollegen und stärken gleichzeitig das Zusammengehörigkeitsgefühl. Allerdings gibt es beim Setup sowie bei der Durchführung von Jour Fix-Terminen einige Punkte zu berücksichtigen, damit am Ende auch die positiven Aspekte überwiegen.

Vor diesem Hintergrund halte ich es für absolut essenziell, dass einem Jour Fixe auch eine entsprechende Agenda zugrunde liegt. Irrtümlicherweise wird häufig davon ausgegangen, dass analog zum Regeltermin auch die Agenda wiederkehrend ist. Dies kann unter bestimmten Umständen durchaus der Fall und auch sinnvoll sein, ist aber mit Sicherheit kein Dogma. Denkbar ist ebenfalls, dass ein Teil der Agenda konstant bleibt während vereinzelte Agenda Punkte variabel sind und je nach aktueller Situation angepasst werden.

Idealerweise ist allen Teilnehmern die Agenda bereits im Vorfeld zugegangen und bekannt, so dass jeder Anwesende die Möglichkeit hat, sich gegebenenfalls auf einzelne Themenpunkte vorzubereiten. Darüber hinaus ist mit einer Agenda sichergestellt, dass bestimmte Themen auch inhaltlich abgearbeitet werden. Andernfalls besteht die Gefahr, dass die Termine zwar regelmäßig stattfinden, die inhaltliche Substanz aber auf ein Minimum reduziert wird, weil der offizielle Teil bereits nach wenigen Minuten absolviert und die restliche Zeit für Small-Talk genutzt wird. Angesichts der beschriebenen Stärkung des Teamgedankens ist Small-Talk ausdrücklich erwünscht, allerdings eher in einem anderen Rahmen.

Ich persönlich habe auch sehr positive Erfahrungen damit gemacht, darauf zu achten, dass jeder Teilnehmer regelmäßig auch aktive Beiträge zu leisten hat. In meinem Fall fand das üblicherweise in der Form statt, dass jeder Teilnehmer einen kurzen Lagebericht zu seinem Verantwortungsbereich geben sollte. Um zu vermeiden, dass die Redeanteile dabei unterschiedlich lange sind, ist es wichtig, feste Zeitfenster dafür vorzugeben – je nach Personenkreis und Zyklus des Regeltermins reichen dafür zwischen fünf und fünfzehn Minuten meistens locker aus.

Weiterhin ist darauf zu achten, dass mindestens die jeweiligen Beschlüsse auch mitprotokolliert werden. In einigen Unternehmen beziehungsweise Organisationseinheiten kommt es nicht selten vor, dass Assistenten, Werkstudenten oder Praktikanten mit Protokollieren beauftragt werden. Ich habe mich meisten dafür entschieden, diese Aufgabe rollierend zu vergeben – nicht zuletzt deshalb, um auch den Spannungsbogen für die Teilnehmer aufrecht zu halten und Entspannungsphasen währenddessen zu vermeiden.

Werden im Rahmen eines Jour-Fixes Beschlüsse gefasst, leiten sich in aller Regel auch entsprechende Aufgaben daraus ab. Hierbei ist es unerlässlich, dass den jeweiligen Aufgaben klare Verantwortlichkeiten und Fertigstellungstermine zugewiesen werden. Was an dieser Stelle vermutlich logisch klingt, ist längst keine Selbstverständlichkeit. Vollständig abgerundet ergibt sich daraus auch nur dann ein Mehrwert für die betreffende Einheit, wenn der jeweilige Status der protokollierten Beschlüsse im folgenden Jour-Fixe überprüft und bewertet wird.

Werden die aufgeführten Punkte entsprechend berücksichtigt und umgesetzt, erfüllt ein Jour-Fixe auch seinen ursprünglichen Sinn. Andernfalls laufen Sie Gefahr, dass sprichwörtlich eher „Zeit abgesessen" wird, weshalb es nach wie vor – wie eingangs erwähnt – teils sehr kontroverse Diskussionen rund um das Thema Jour Fixe gibt.

5.10 Workflow

Orientiert man sich an der rein wissenschaftlichen Definition, dann handelt es sich beim Thema „Workflow" sinngemäß um eine definierte Abfolge von Arbeitsschritten zur Erzielung von Ergebnissen.

Völlig unabhängig vom jeweiligen, fachlichen Umfeld zählen Workflows insbesondere für operative Führungskräfte zum Tagesgeschäft.

Dies ist insbesondere dann sehr empfehlenswert, wenn die betreffende Organisationseinheit ein tendenziell dynamisches und heterogenes Gebilde darstellt. Das wiederum impliziert zum einen, dass regelmäßig neue Mitarbeiter zur Gruppe hinzustoßen, wobei es unerheblich ist, ob es dabei um Ersatz- oder Wachstumseinstellungen geht. Zum anderen bedeutet es, dass die Einheit aus teilweise sehr unterschiedlichen Kollegen zusammengesetzt ist – insbesondere im Hinblick auf Erfahrung, Reifegrad und Vorkenntnisse. Dieser Aspekt führt zwangsläufig dazu, dass gleichzeitig das Leistungslevel zwischen den einzelnen Kollegen sehr stark schwankt.

Während also die einzelnen Arbeitsabläufe für erfahrene, routinierte oder entsprechend talentierte Mitarbeiter nahezu aus dem Effeff beherrscht werden, benötigen andere womöglich klar definierte Prozessabläufe und eindeutige Leitlinien, um bestimmte Tätigkeiten möglichst effektiv und fehlerfrei ausüben zu können.

Nicht selten kommt es jedoch auch vor, dass gerade ein hohes Maß an Erfahrung und Routine dazu führen, dass bestimmte Aufgaben aus Gründen der Einfachheit oder auch Bequemlichkeit nicht mehr prozesskonform ausgeübt werden, was sich mitunter entsprechend negativ auf die Ergebnisse auswirken kann. Auch in solchen Fällen ist ein klar definierter Workflow sehr hilfreich: Führungskräfte können auf diese Weise Abweichungen deutlich einfacher erkennen und auch entsprechend beheben, da die schriftliche Dokumentation im Normalfall ein mögliches Diskussionsaufkommen mit dem betreffenden Mitarbeiter bereits im Keim ersticken sollte.

Der Grundgedanken eines Workflows besteht jedoch darin, dass dieser in der Regel ein völlig neues Themenfeld dokumentiert und damit beschreibt, wie ein bestimmter Arbeitsvorgang abzulaufen hat. Das bietet den Projektverantwortlichen die Möglichkeit bereits in der Konzeptionsphase einzelne Teilabläufe zu ergründen und je nach Erfahrungswert den Workflow anzupassen und möglichst praxisnah zu optimieren.

Insbesondere Führungskräfte mit einer stark Ergebnis lastigen Aufgabe sollten somit alle wertschöpfenden Prozesse mittels Workflow schriftlich definieren. Diese dienen sowohl ihnen selbst als auch den Mitarbeitern als wichtige Orientierungsleitlinie.

Personalsteuerung

5.11 X-Selling

Wie der Begriff an sich bereits richtigerweise impliziert, handelt es sich bei „X-Selling" um eine vertriebliche Disziplin – somit in aller erster Linie logischerweise für Vertriebsführungskräfte von Relevanz.

Kerngedanke von „X-Selling" oder auch „Cross-Selling" ist, dass Vertriebsmitarbeiter Kundenbedarfe möglichst ganzheitlich bedienen, auch wenn sie davon gegebenenfalls nicht vollumfänglich selbst profitieren.

Üblicherweise erhalten Vertriebsmitarbeiter erfolgsabhängige Prämienzahlungen, die in individuellen Bonusvereinbarungen geregelt sind. Derartige Bonusvereinbarungen erstrecken sich demnach auf das jeweilige Betätigungsfeld, welche im Normalfall inhaltlich – zum Beispiel auf bestimmte Produkte oder räumlich – zum Beispiel auf eine bestimmte Postleitzahlregion, ein Land oder ein Bundesland begrenzt sind. Stellt sich nun also in einem Verkaufsgespräch heraus, dass der Kundenansprechpartner weiteren Bedarf an anderen Produkten oder an einem anderen Standort hat, würde die Bonusvereinbarungen für diesen Mitarbeiter nicht greifen, das heißt, er wäre für dieses Potentialgeschäft nicht prämienberechtigt.

Aus unternehmerischer Hinsicht wäre es logicherweise fatal, wenn derartigen Überlegungen ein mögliches Zusatzgeschäft blockieren würden, weshalb Vertriebsführungskräfte hierbei ganz besonders gefordert sind. Sie müssen letztlich sicherstellen, dass der Kundenbedarf vollumfänglich gedeckt wird und gleichzeitig dafür sorgen, dass auch die eigenen Unternehmensinteressen immer Vorrang haben gegenüber Individualinteressen.

Nicht selten gibt es innerhalb von Vertriebsorganisationen sogenannte „X-Selling-Boni", das heißt, dass der betreffende Mitarbeiter zusätzlich zu seiner standardmäßigen Bonuszahlungen eine weitere Prämie erhält, wenn er eine „fremde"

Leistung verkauft. Diese Prämie kann ebenfalls monetär oder auch materiell ausfallen, zum Beispiel in Form von Gutscheinen oder Sachwerten.

Unabhängig davon inwieweit X-Selling in einzelnen Unternehmen oder Organisationseinheiten incentiviert wird, am Ende bleibt es für Führungskräfte in aller Regel eine kulturelle Herausforderung. Sie müssen also eine Kultur etablieren, die von gegenseitiger Wertschätzung, Respekt, Anerkennung und frei von Neid und Missgunst geprägt ist. Diese Kultur stellt kollegiales Verhalten und unternehmerisches Denken in den Mittelpunkt des Handelns und sorgt somit dafür, dass sich die einzelnen Kollegen potenzielle Leads gegenseitig so zuspielen, dass in aller erster Linie der Kunde und das eigene Unternehmen profitieren.

Wie bereits erwähnt, können spezielle Anreize diese Thematik zusätzlich beflügeln – nachhaltig funktionieren wird es jedoch nur dann, wenn auch das Fundament entsprechend stabil ist. Dieses Fundament stützt gleichermaßen auch die Verbindung zwischen Mitarbeitern und Vorgesetzten.

5.12   Urlaubsvertretung

Kommen wir nun zu einem Thema, das auf den ersten Blick als eher banal erscheint. Exakt diese Täuschung ist nach meiner Einschätzung aber dafür verantwortlich, dass Urlaubsvertretungen unterschätzt werden und es daher häufig gar keine klaren Regelungen gibt.

Die üblicherweise existenten Regeln betreffen primär die Planung von Urlaubszeiträumen, wonach es entweder zu bestimmten Zeiten sogar Urlaubssperren gibt und zumindest die Vorgaben, dass zeitgleich lediglich ein bestimmter Anteil an Kollegen im Urlaub sein können. Dies macht natürlich durchaus Sinn und ist deshalb auch nicht in Frage zu

Personalsteuerung

stellen. Dennoch ist die alleinige Vertretungsregelung nicht ausreichend.

Je nach dem wer die Urlaubsvertretung übernimmt sollte es sowohl eine schriftlich dokumentierte Urlaubsübergabe als auch eine Rückgabe geben. Sofern die Führungskraft selbst nicht die Vertretungsperson ist, hat sie dennoch sicherzustellen, dass beides formal korrekt erfolgt, die Aufgaben aber eben auch die Erwartungen klar und eindeutig übermittelt werden. Ist das nicht der Fall oder erfolgt die Übergabe lediglich auf der Tonspur, besteht wiederum die nicht unerhebliche Gefahr eines Missverständnisses und kann später nicht mehr verifiziert werden.

Erfahrungsgemäß werden Erwartungen bei Urlaubsübergaben meistens nicht oder nicht explizit thematisiert. Natürlich ist das ein sehr schmaler Grat, weshalb ich diese Empfehlung nicht pauschal aussprechen möchte. Allerdings darf das nicht über die Tatsache hinwegtäuschen, dass eine Urlaubsübergabe an einen Kollegen zwangsläufig mit Erwartungen verbunden ist, ansonsten wäre die Übergabe schlicht nicht erforderlich. Wird allerdings über die Erwartungen nicht gesprochen, entstehen neben Ernüchterung nicht selten auch Unstimmigkeiten zwischen den Kollegen. Insofern liegt es mitunter auch in der Verantwortung der Führungskraft eine entsprechende Kultur für Urlaubsübergaben zu etablieren und für die Einhaltung der festgelegten Prinzipien zu sorgen.

Somit entstehen für alle Kollegen nicht nur mehr Pflichten, sondern es profitieren alle Kollegen gleichermaßen davon, dass die Reibungsverluste der Urlaubsrückkehr deutlich geringer ausfallen.

6. Technische und methodische Personalsteuerung

Im Vergleich zur operativen Personalsteuerung geht es bei der technischen und methodischen Personalsteuerung vorrangig um die korrekte Umsetzung verschiedener Instrumente. Die fachgerechte Anwendung dieser Instrumente hat unmittelbare Auswirkung auf die Produktiväts- und Effizienzsteigerung einer Organisationseinheit. In der Praxis wird dieser Faktor häufig unterschätzt oder vernachlässigt, was am Ende häufig zu hohen Opportunitätskosten führt, da nachträgliche Korrekturen in der Regel komplex und zeitintensiv sind.

6.1 Best Practise

Best Practise ist einer dieser geflügelten Begriffe der modernen Businesssprache – allerdings wird auch dieser mittlerweile sehr inflationär verwendet, da es ebenfalls keine wissenschaftlich anerkannte Definition dafür gibt. Vielmehr ist Best Practise eine völlig individuelle Betrachtung dessen, was aus der Eigenperspektive Maßstäbe setzt. Unabhängig von der Betrachtung und der letztlichen Einordnung gibt es auch hier bei der Umsetzung einige Punkte zu beachten.

Aus der Sicht einer Führungskraft ist zunächst das eigene Mindset von ganz entscheidender Bedeutung. Eitelkeiten und Narzissmus sind nicht unbedingt Ausnahmeerscheinungen bei den Charaktermerkmalen von Führungskräften. Daher ist es zunächst von ganz entscheidender Bedeutung, dass die Anerkennung für Erfolge Dritter im eigenen Bewusstsein fest verankert ist. Es wird immer Vorgesetzte, Kollegen oder Mitarbeiter geben, deren Talente anders ausgeprägt sind als die eigenen. Dieser Umstand führt zwangsläufig dazu, dass es immer Menschen im beruflichen Umfeld geben wird, die bestimmte Dinge besser können und auf diese Weise auch nachhaltige Erfolge vorweisen können. Wenn Sie genau das erkennen und auch - wie beschreiben - anerkennen können, dann müssen Sie auch das besagte „Rad nicht neu erfinden", sondern können von Ihrem Umfeld profitieren und bestimmte Workflows, Prozesse und Formate adaptieren.

Die noch entscheidendere Frage in diesem Zusammenhang lautet jedoch: wie schaffen Sie es, einen Best-Practise-Ansatz nicht nur zu adaptieren und zu implementieren, sondern eben auch, Ihre Mitarbeiter davon zu überzeugen? Hierzu kann ich aus eigener Erfahrung berichten, dass es sich immer wieder lohnt, Mitarbeiter zu Beteiligten beziehungsweise zu Verbündeten zu machen. Was bedeutet das? Nun, Sie müssen sich darüber im Klaren sein, dass Sie als Führungskraft – insbesondere, wenn Sie nicht oder nicht mehr operativ aktiv sind – immer erhöhte Akzeptanzanforderungen benötigen. Somit ist es in diesem Fall zweifellos zielführender, die eigenen Mitarbeiter in den Prozess einzubeziehen und ihn anderen Mitarbeitern aus der Perspektive eines Kollegen und eben nicht aus der Perspektive einer Führungskraft erläutern zu lassen. Dies trifft umso mehr zu, wenn der Best-Practise-Ansatz von einem Kollegen selbst stammt.

Zusammengefasst bedeutet das: machen Sie sich zunächst bewusst, dass Sie als Führungskraft nicht allwissend sind und es zu jedem Thema immer jemanden gibt, der ein tiefgründigeres Fachwissen hat. Im nächsten Schritt analysieren Sie einen vermeintlichen Best-Practise-Ansatz auf dessen Wirksamkeit und erfassen das Nachhaltigkeitspotential anhand der Ergebnisdokumentation. Immer dann, wenn Sie bei Mitarbeitern eine Verhaltensänderung – oder auch nur wie im vorliegenden Fall – ein neues Instrument einführen möchten, sollten Sie sehr gut vorbereitet sein und auch entsprechende Argumente liefern, die Sie gleichzeitig mit Fakten untermauern können. Somit können Sie auch stichhaltig erläutern, warum der vorliegende Ansatz als Best-Practise eingestuft werden kann. Schließlich empfiehlt es sich, Mitarbeiter zu Verbündeten zu machen – insbesondere dann, wenn der betreffende Best-Practise-Ansatz von diesen stammt - und lassen Sie ihn auch selbst erläutern. So erhöhen Sie nicht nur die Akzeptanz für die Umsetzung, sondern bestärken Ihre Mitarbeiter auch darin, eigeninitiativ, kreativ und ergebnisorientiert zu arbeiten.

6.2 Closing

Der Begriff Closing wird üblicherweise in vertriebsnahem beziehungsweise vertriebsrelevantem Umfeld genutzt und beschreibt den Vertragsabschluss in einem Verkaufsprozess. Mittlerweile wird „Closing" aber auch in Verbindung mit unterschiedlichen Prozessabschlüssen genutzt, so zum Beispiel auch um einen Bewerberprozess erfolgreich zu Ende zu führen.

Bemerkenswert in diesem Zusammenhang ist, dass die große Mehrheit der prozessbeteiligten Personen für sich in Anspruch nehmen würden, genau zu wissen, worum es dabei geht und wie es letztlich praktiziert wird. Erstaunlich dabei ist jedoch, dass es in der Praxis tatsächlich sehr selten überhaupt dazu kommt und falls doch, methodisch in den allermeisten Fällen stark ausbaufähig.

Zunächst stellt sich die Frage nach dem richtigen Timing, das heißt, ab wann macht es überhaupt Sinn ins Closing überzugehen. Im Regelfall ist es gemäß einschlägiger Literatur bekanntlich ja so, dass nach der Bedarfsanalyse die Nutzenargumentation erfolgt, worauf es im Normalfall Einwände des Kaufinteressenten gibt, die dann mittels Einwandbehandlung möglichst beseitigt werden sollen. Gehen wir nun davon aus, dass wir bereits an diesem Punkt angelangt sind, dann sollte nach meiner Einschätzung noch nicht der unmittelbare Übergang ins Closing erfolgen. Wie bereits im vorangegangenen Kapitel erläutert, bietet sich auch hier nochmals eine finale Zusammenfassung aller relevanten Kriterien an. Ausformuliert könnte es zum Beispiel so aussehen: „Ich fasse nochmals kurz zusammen: Ihnen ist wichtig, dass a)... b)... und c) unter der Berücksichtigung, dass d) .... . Dabei legen Sie gesteigerten Wert auf e) .... und wollen zwingend vermeiden, dass f)... . Vor diesem Hintergrund habe ich Ihnen das Angebot .... gemacht, weil sie damit a) ... b) ... und c) ... erfüllen und gleichzeitig sichergestellt ist, dass d) ... und e) gewährleistet werden und vor allem auch, dass f) ... keinesfalls eintritt."

Warum ist diese Herangehensweise so wirksam? Das hat mehrere Gründe: zum einen wiederholen Sie die entscheidenden Punkte aus der Bedarfsanalyse – idealerweise mit den Worten des Kunden. Damit können Sie sich vergewissern, alles richtig erfasst zu haben und gegebenenfalls nochmals zu korrigieren. Zum anderen erzeugen Sie beim Kaufinteressenten einen positiven Gemütszustand, weil Sie mit seinen Worten argumentieren. Dabei ist es wissenschaftlich und psychologisch erwiesen, dass Menschen wohlwollend reagieren, wenn Sie ihre eigenen Worte von einer fremden Person gespiegelt bekommen. Wenn Sie weiterhin in der glücklichen Situation sind, dass Sie das Verkaufsgespräch persönlich führen können, können Sie das Gesagte zusätzlich durch Gestik und Mimik verstärken – zum Beispiel durch Nicken – und damit ihr Gegenüber zur Zustimmung stimulieren.

Sind Sie an diesem Punkt angelangt, dann befinden Sie sich bereits mitten im Closingprozess. Doch genau an dieser Stelle passieren häufig die allermeisten Fehler. Denn methodisch korrekt ist ein Closing – wie der Name bereits vermuten lässt – nur dann, wenn die berühmt berüchtigte Abschlussfrage auch gestellt wird. Aber exakt das passiert in der Praxis oft überhaupt nicht oder falls doch, stark aufgeweicht und damit abgeschwächt.

Die Abschlussfrage als solche kann logischerweise ganz unterschiedlich gestellt werden – hier kommt es auch auf die eigene Kreativität an. Absolut entscheidend ist jedoch, dass sie überhaupt gestellt wird. Denn sehr oft kommt es am Ende zu einer für beiden Seiten sehr unangenehmen Pause, in der der Verkäufer darauf hofft, dass der potenzielle Käufer von sich aus „ja" sagt. Weiterhin zu beachten ist, dass die Abschlussfrage kurz, prägnant und vor allem ohne Konjunktive ausgesprochen wird. Außerdem ist die Abschlussfrage die einzige Fragestellung im Verkaufsprozess, die nicht nur geschlossen gestellt werden sollte, sondern sogar muss. Je nach Persönlichkeit darf die Abschlussfrage auch etwas gewagt bis provokant ausfallen.

Beispielhaft hierfür ist die folgende Formulierung: „Ich sehe Sie nicken ebenfalls – dann freue ich mich, dass wir nun einen Deal haben!" Alternativ auch etwas zurückhaltender wie zum Beispiel: „Aus meiner Sicht haben wir nun alle für Sie wichtigen Punkte berücksichtigt – haben wir also einen Deal/kommen wir ins Geschäft/sind Sie dabei"?

Wenn Sie das Closing wie beschrieben umsetzen, werden Sie Ihre Abschlussquote deutlich verbessern können. Die oben genannte Vorgehensweise für einen Verkaufsprozess lässt sich methodisch betrachtet jederzeit auch auf andere Anwendungsbereiche übertragen.

6.3 Ergebnisorientierung

Kommen wir nun zu einem ganz speziellen Mythos unter Führungskräften: Ergebnisorientierung. Viele werden sich an dieser Stelle verwundert die Augen reiben, dass ich Ergebnisorientierung tatsächlich als Mythos bezeichne. Wie kommt das? Nun, wenn Sie sich mal mit erfahrenen Führungskräften und solchen, die sich dafür halten, austauschen und beispielsweise nach den drei wichtigsten Erfolgsfaktoren ihrer täglichen Führungsarbeit fragen, wird mit sehr hoher Wahrscheinlichkeit auch das Stichwort „Ergebnisorientierung" fallen. So weit so gut. Erstaunlicherweise tritt es in der operativen Praxis kaum in Erscheinung oder wird maximal tangiert. Ich

Personalsteuerung

stimme selbstverständlich in dem Punkt zu, dass Ergebnisorientierung automatisch einer der wichtigsten Erfolgsfaktoren professioneller Führungsarbeit sein sollte. Denn wenn am Ende des Tages die Ergebnisse nicht stimmen beziehungsweise ausbleiben, für die Sie als Führungskraft bekanntlich die Verantwortung tragen, dann haben Sie - auch wenn das nun schonungslos unsensibel klingt - Ihre Daseinsberechtigung verfehlt.

Um einen einheitlichen Zusammenhang zu gewährleisten und letztlich natürlich auch aufgrund meines persönlichen Backgrounds bleiben wir hinsichtlich der Erläuterung beispielhaft auch weiterhin bei Vertriebsorganisationen. Dies bietet sich darüber hinaus in doppelter Hinsicht an, da in keiner anderen Organisationseinheit Ergebnisse einen derart hohen Stellenwert haben. Anders ausgedrückt bedeutet das, dass Erfolge aber eben auch Misserfolge nirgendwo so transparent und einfach messbar sind wie im Vertrieb. Platt formuliert lässt sich sagen, wenn Sie die Kundenunterschrift unter einen Vertrag bekommen, dann waren Sie erfolgreich – natürlich auch umgekehrt.

Um Ergebnisse messbar zu gestalten, müssten logischerweise im Vorfeld Ziele definiert sein. Dies erfolgt in aller Regel sehr zuverlässig. Inwieweit Ziele sinnvoll ermittelt und nach der SMART-Methode richtig definiert beziehungsweise festgelegt werden, darauf werde ich erst zu einem späteren Zeitpunkt eingehen. Grundsätzlich aber kann ich bestätigen, dass die allermeisten Vertriebsorganisationen ihre eigenen Zielsetzungen kennen und diese auch konsequent tracken. Gleichzeitig ist dies noch lange kein Gradmesser für die praxisbezogene Ergebnisorientierung.

Ein sehr weit verbreitetes Phänomen ist, dass Ergebnisse primär dann relevant werden, wenn die Ziele nicht erreicht werden. Alleine diese Tatsache halte ich persönlichen für den ersten kapitalen Fehler, weil Sie damit eine negative Konditionierung Ihrer Mitarbeiter erzeugen, getreu dem Motto „...

jetzt bekomme ich bestimmt gleich wieder ein Gespräch mit dem Chef". Der zweite kapitale Fehler schließt meist nahtlos an den ersten an. Bleiben die Ergebnisse aus und erfolgt daraufhin ein Gespräch mit dem Vorgesetzten, bleibt häufig die zentrale Erkenntnis, ab sofort „mehr" zu machen. Im positiven Fall wird sogar noch präzisiert, wovon genau „mehr" – mehr Telefonate, mehr Besuche, mehr Produktpräsentationen, mehr Abschlüsse?

Aus meiner Sicht ist das zunächst auch gar nicht ausschlaggebend. Denn solange Sie noch gar nicht wissen, warum genau Sie Ihre Ziele nicht erreicht haben, ist es so ziemlich die sinnloseste Empfehlung, die Sie erhalten können, indem Ihnen mitgeteilt wird, einfach nur „mehr zu machen". Gehen wir an dieser Stelle exemplarisch davon aus, dass Sie im Verlauf Ihres Vertriebsprozesses methodische Defizite haben, sei es bei der Bedarfsanalyse, bei der Nutzenargumentation oder bei der Einwandbehandlung – was im Übrigen auch bei erfahrenen Mitarbeitern gar nicht allzu selten vorkommt. Würden Sie nun in dieser Gemengelage einfach nur „mehr" machen, würden Sie automatisch Ihrer Fehlerquote erhöhen – mit Sicherheit aber nicht Ihrer Ergebnisse verbessern.

Was ich damit sagen möchte: ohne fundierte Ergebnisanalyse ist es schlicht und ergreifend zwecklos, Handlungsempfehlungen zu erteilen und damit bessere Resultate zu erhoffen.

Die erste und wichtigste Grundvoraussetzung ist, dass Sie die Ziele Ihrer Mitarbeiter im Detail kennen und demzufolge auch wissen, welcher Input dafür erforderlich ist.

Kommt es also zu einer Abweichung bei der Zielerreichung muss eine Führungskraft auch in der Lage sein, die Ursachen dafür zu identifizieren.

Um das Ganze plakativer zu veranschaulichen und letztlich damit auch als Hilfestellung, empfehle folgendes: konkrete Einzelfälle auszuwählen und das jeweilige Vorgehen sowohl anhand eines erfolgreichen Prozesses zu erläutern als auch parallel einen Prozess auszuwählen, der letztlich nicht zum gewünschten Ergebnis geführt hat. Diese beiden Prozesse sollten so vergleichbar und detailgetreu wie möglich direkt gegenübergestellt werden. Je besser die Prozesse dabei dokumentiert sind, desto einfacher und aufschlussreicher ist somit auch die Analyse. Womit wir gleichzeitig erneut den Beweis angetreten hätten, warum Dokumentation (siehe Kapitel 5.3) so elementar wichtig ist.

Sollte sich nun tatsächlich herausstellen, dass es inhaltlich und methodisch keinerlei Abweichungen in den Prozessen gibt, in Summe aber aktuell deutlich weniger davon geführt werden, dann wäre es in diesem Fall nicht nur legitim und naheliegend, sondern logisch und konsequent die Erhöhung des Inputs zu fordern. Ist aber der Input auf einem vergleichbaren Niveau mit einer Periode, in der die Ergebnisse deutlich besser waren, ist es wiederum sehr wahrscheinlich, dass es Schwachstellen bei der Umsetzung gibt.

Je nach dem welche Erkenntnisse die Analyse liefert, sie sollte immer gemeinsam mit dem Mitarbeiter erfolgen, um auf diese Weise die Ursachen für die Ergebnisabweichung nachvollziehbar herleiten zu können. Gleichzeitig muss diese Erkenntnis zwingend in der Ziel- oder Teilzielvereinbarung mit dem Mitarbeiter festhalten werden, damit sowohl die Führungskraft als auch der Mitarbeiter selbst genau darüber im Bilde sind, was für den jeweils festgelegten Betrachtungszeitraum zukünftig zu berücksichtigen ist. Handelt es sich an dieser Stelle um einen methodischen oder technischen Faktor, dann empfehle ich den Betrachtungszeitraum möglichst kurzfristig anzulegen – zum Beispiel auf ein bis zwei Wochen. Dies ist insofern hilfreich, als dass methodische oder technische Fortschritte in aller Regel auch zeitnah sichtbar sind. Tritt dieser Fortschritt dennoch nicht ein, ist eine weitere Analyse erforderlich.

Zusammenfassend lässt sich zum Thema Ergebnisorientierung festhalten, dass Führungskräfte nicht nur Ziele vorgeben, sondern eben auch Ergebnisse einfordern müssen. Das Einforderung von Ergebnissen setzt wiederum voraus, dass innerhalb eines festgelegten Zyklus' Ergebnisse - idealerweise gemeinsam mit dem betreffenden Mitarbeiter – analysiert werden. Dabei ist nach meiner Empfehlung zwingend darauf zu achten, dass dies nicht nur bei einer negativen Abweichung erfolgt, sondern ausnahmslos. Sollte der Mitarbeiter beispielsweise seine Ziele übererfüllen, dann halte ich es sowohl aus psychologischer als auch aus pädagogischer Hinsicht für genauso erforderlich auch in diesem Fall die Ursachen zu erarbeiten, um sich diese bewusst zu machen. Offensichtlich hat der jeweilige Mitarbeiter irgendwas sehr gut gemacht. Allerdings kann der Mitarbeiter dieses positive Momentum nur dann konservieren und aufrechterhalten, wenn er sich darüber im Klaren ist, was er konkret richtig gemacht hat. Im umgekehrten Fall gilt wie zuvor beschrieben, dass auf Basis der Analyseergebnisse eine Anpassung der Herangehensweise ermittelt werden sollte, die wiederum Bestandteil der individuellen Ziel- beziehungsweise Teilzielvereinbarung sein sollte.

Wird diese Ziel- oder Teilzielvereinbarung im folgenden Mitarbeitergespräch nachgehalten und überprüft, dann darf man auch mit Recht von Ergebnisorientierung in der Mitarbeiterführung sprechen.

6.4 Führen vs. Anweisen

Kommen wir nun zu einer Begriffsabgrenzung, die nach wie vor häufig nicht stattfindet beziehungsweise die beiden Begriffe substituierend interpretiert werden. Ich erlebe es dabei immer wieder, dass über Führung gesprochen wird, in der eigentlichen Umsetzung es aber lediglich um Anweisungen des Vorgesetzten gegenüber seinen Mitarbeitern geht.

Um uns der sinngemäßen Unterscheidung der beiden Begriffe sukzessive anzunähern, widmen wir uns zunächst dem

Personalsteuerung

Thema „anweisen". Hierbei geht es im grundsätzlichen Verständnis darum, dem Mitarbeiter eine Aufgabe zu übertragen und zeitgleich eine Ergebniserwartung zu formulieren beziehungsweise ein konkretes Ziel vorzugeben. Den Führungsauftrag beim Thema „anweisen" verstehen einige Vorgesetzte so, dass sie den Auftrag sozusagen überwachen und bei Abweichung beziehungsweise Zielverfehlung intervenierend eingreifen. Eine Variante des Anweisens besteht zum Beispiel im Anlernen. Dabei kann es sich sowohl um neue Mitarbeiter handeln, die grundsätzlich tätigkeitsbezogen eingearbeitet werden müssen oder eben auch um bereits etablierte Mitarbeiter, die einen bestimmten Tätigkeitsvorgang erstmalig erlernen. Die Herangehensweise ist jeweils weitgehend identisch. Zunächst geht es bei beiden Aspekten meistens um reine Beobachtung, das heißt, der Mitarbeiter orientiert sich an einem erfahrenen Kollegen und versucht die Ausführung möglichst eins-zu-eins zu übernehmen. Im nächsten Schritt versucht sich der Mitarbeiter selbst darin, die Aufgabe entsprechend auszuführen und wird dabei durch den erfahrenen Kollegen assistiert, der nur korrigierend eingreift, beziehungsweise dann selbst beobachtet, um hinterher Feedback geben zu können.

Obwohl diese Herangehensweise – aus meiner Sicht auch zurecht – sehr stark verbreitet ist, ist es maximal ein Teilaspekt von Führungsarbeit. Schlussendlich liegt es im Verantwortungsbereich der jeweiligen Führungskraft, dass die Arbeitsressource des (neuen) Mitarbeiters möglichst effektiv eingesetzt wird. Somit besteht die konkrete Aufgabe der Führungskraft darin, zum einen eine konkrete Erwartung an das Ergebnis beziehungsweise ein Ziel vorzugeben und zum anderen hinterher die Erfüllung zu bewerten und zu überprüfen. Den Anlernprozess an sich oder eben auch die Erläuterung der Arbeitsvorgänge können dabei selbstverständlich delegiert werden. Genau an dieser Stelle gilt es dann auch zu differenzieren, wo die reine Anweisung beziehungsweise das Anlernen endet und wo die eigentliche Führungsarbeit beginnt.

Nochmals zum Vergleich und besseren Verständnis: Führung bedeutet eine Erwartungshaltung zu formulieren, Ziele vorzugeben und die Erfüllung dieser zu gewährleisten indem auch Ergebnisse eingefordert werden. Ist dies nicht der Fall, das heißt, werden die Ergebnisse nicht erreicht oder gibt es eine anderweitige Abweichung vom vorgegebenen Kurs, dann ist es nicht nur die Aufgabe, sondern auch die Pflicht der Führungskraft zu intervenieren. Führen bedeutet in diesem Kontext, dass die jeweilige Führungskraft die genauen Gründe für die Abweichung oder auch die Ergebnisverfehlung analysieren muss und gemeinsam mit dem Mitarbeiter geeignete Maßnahmen festzulegen und ergebnisorientiert gegenzusteuern. Leider kommt dieser Aspekt in der Praxis häufig viel zu kurz. Wie eingangs erläutert interpretieren einige Führungskräfte ihren Führungsauftrag damit, den Mitarbeiter anzulernen oder ihm einen Arbeitsauftrag in Form einer Anweisung zu übertragen.

Insbesondere das Einfordern der Ergebnisse gemäß den Vorgaben kommt häufig zu kurz, findet gar nicht statt oder wird kommentarlos zur Kenntnis genommen - auch dann, wenn eine offensichtliche Abweichung vorliegt.

Im Gegensatz zum reinen Anweisen und Anlernen geht es beim Thema Führen ganz konkret um steuern und gegensteuern, analysieren, bewerten und eben sicherstellen, da am Ende die Führungskraft die Verantwortung für das Ergebnis trägt.

In allen anderen Fällen handelt es sich nicht um Führungskräfte beziehungsweise um nicht echte Führungsarbeit im ursprünglichen Sinne.

Steht also eine Beförderung zur Führungskraft bevor, sollten Sie sich zum einen darüber bewusst und auch bereit sein und zum anderen es auch wie beschrieben einfordern, falls es bei Ihnen im Unternehmen anders gelebt wird. Denn Sie können nur dann die Verantwortung für ein Ergebnis übernehmen, wenn Sie zeitgleich auch die Kompetenz haben, Ergebnisse einzufordern und im Falle einer Abweichung korrigierend zu intervenieren.

Wenn Sie für sich zur Erkenntnis gelangen, dass Sie auch Freude daran haben, (neuen) Kollegen gewisse Dinge beizubringen und ihnen auf dieser Weise bei deren Weiterentwicklung unterstützen, dann ist das gleichermaßen begrüßenswert und natürlich auch völlig legitim. In diesem Fall sollte Ihnen nur bewusst sein, dass es sich eben nicht um Führungsarbeit im klassischen, ursprünglichen Sinne handelt.

6.5 Instruieren vs. Delegieren

Eine weitere, ganz zentrale Führungsaufgabe liegt im Instruieren. Dabei leitet sich instruieren aus delegieren ab. Das bedeutet, dass zunächst die Ausführung einer bestimmten Aufgabe oder Tätigkeit an eine andere Person übertragen werden muss, ehe dieser die Art und Weise der Umsetzung erläutert werden kann.

Obwohl die Instruktion gängiger Bestandteil in der Praxis ist, lauern auch hier einige Fallstricke, die eine korrekte und effektive Umsetzung erschweren können.

Wie bereits mehrfach in diesem Buch erwähnt, kommt es auch beim Instruieren in besonderem Maße darauf an, dass dies immer im Dialog und eben nicht im Monolog erfolgen sollte. Auch hier beobachte ich regelmäßig, dass Arbeitsaufträge ausschließlich in Form von Anweisungen erteilt werden. Die Anweisungen selbst werden dann in vielen Fällen lediglich aus der eigenen Perspektive geschildert, das heißt jene Besonderheiten und Details, die aus Sicht des Auftraggebers von Relevanz sind werden erwähnt – alle anderen entweder verkürzt dargestellt oder teilweise gänzlich übergangen. Dabei sind wir erneut beim Thema Reifegrad, der immer individuell zu berücksichtigen und letztlich auch zu bewerten ist.

Entscheidend beim Instruieren ist nämlich nicht nur die Tatsache, dass ein Auftrag übergeben wird, sondern eben, dass er vom Auftragsempfänger auch verstanden wurde und hinterher auch das gewünschte Ergebnis vorliegt.

Beim Instruieren kommt es nach meiner Erfahrung sehr häufig zu einer verzerrten Opportunitätsbetrachtung. Das bedeutet, dass die eingesparte Produktivzeit bei der Unterweisung in den meisten Fällen in doppeltem Umfang „geopfert" werden muss, um hinterher nachzusteuern und zu korrigieren, wenn das erhoffte Ergebnis nicht erzielt wurde.

Grundsätzlich bin ich ein sehr starker Befürworter davon, Aufgaben zu delegieren: zum einen, um sich selbst als Führungskraft zu entlasten und zum anderen, um Mitarbeitern kontinuierlich Verantwortungen zu übertragen und damit konstant deren Stellenwert im Unternehmen zu erhöhen.

Dies setzt allerdings auch voraus, dass sich die Führungskraft vorab auch konkret mit der Zielsetzung auseinandergesetzt hat und deshalb in der Lage ist Erwartungen und Ziele klar zu benennen. Genau dieser Aspekt kommt jedoch erfahrungsgemäß in der Praxis oftmals deutlich zu kurz. Stattdessen wird – wie eben beschrieben – die Instruktion vermeintlich zeiteffizient übermittelt, um sich dann im Nachgang über das mangelhafte Endresultat zu wundern oder auch zu ärgern.

Um hier möglichst sattelfest agieren zu können, empfehle ich, Zielsetzungen und Erwartungen schriftlich zu formulieren. Auch damit lassen sich Win-win-Effekte erzielen: zum einen ist damit schon mal sichergestellt, dass sich der Auftraggeber bewusst und inhaltlich mit dem Arbeitsauftrag auseinandersetzt und zum anderen können Missverständnisse ausgeschlossen oder wenigstens stark vermieden werden.

Personalsteuerung

Damit darüber hinaus gewährleistet werden kann, dass der Arbeitsauftrag erfasst und auch verstanden wurde, sollte – wie oben beschrieben – die Instruktion immer im Dialog und somit interaktiv erfolgen. Falls der Auftragsempfänger nicht proaktiv Rückfragen stellt, anhand derer sich auch sein Verständnis des Auftrags ableiten lässt, sollte die Führungskraft ihn bitten, diesen nochmals mit eigenen Worten zusammenzufassen. Somit kann sich die Führungskraft überzeugen, inwieweit der Arbeitsauftrag richtig verstanden wurde und gegebenenfalls unmittelbar korrigierend intervenieren. Dies spart am Ende des Tages nicht nur Zeit, sondern vermeidet Ärger und Enttäuschungen.

6.6 Informieren

Der Stellenwert des Informierens wird in der Praxis sehr häufig massiv unterschätzt und teilweise sogar als lästig empfunden. Aus meiner Sicht ist das eine kolossale Fehleinschätzung, da es sich hierbei um eine ganz elementare Führungsaufgabe handelt.

Führung unterscheidet bekanntermaßen immer die jeweilige Richtung – „nach oben" oder „nach unten". Was meist sehr umgangssprachlich ausgedrückt wird, meint zum einen eine Art Filterfunktion, welcher Führungskräfte grundsätzlich gerecht werden sollten. In diesem Kontext geht es darum, relevante Informationen und Entscheidungen, die durch das Management getroffen wurden für die eigenen Mitarbeiter verständlich, nachvollziehbar und gegebenenfalls auch selektiv aufzubereiten. Gleichzeitig kommt es darauf an, den richtigen Zeitpunkt sowie eine angemessene Art und Weise zu wählen, die Informationen gegenüber den eigenen Mitarbeitern weiterzugeben. Dabei liegt bei Führungskräften sowohl eine Hol- als auch eine Bringschuld, das heißt, Führungskräfte müssen häufig selbst erstmal sicherstellen, dass sie über den jeweils aktuellen Informationsstand verfügen. Anschließend gilt es Sorge dafür tragen, dass wichtige und entscheidende Informationen zeitnah oder zu einem vorab definierten Zeitpunkt auch bei ihren Mitarbeitern ankommen.

Insbesondere in großen Unternehmen greift der sogenannte, allseits berüchtigte „Flurfunk" um sich. „Flurfunk" bezeichnet grundsätzlich sämtliche Informationsverbreitung auf dem innoffiziellem Weg obwohl diese offiziell nur einem sehr begrenzten Personenkreis zur Verfügung gestellt wurden und in der Regel streng vertraulich zu behandeln sind. Insofern stellt der Flurfunk auch eine Art Worst-Case-Szenario dar. Dieses tritt nämlich genau dann ein, wenn eben derartige, streng vertrauliche Informationen über Umwege bei Betroffenen ankommen, ehe die jeweils zuständigen Führungskräfte die Informationen aus erster Hand überbracht haben, beziehungsweise überbringen konnten.

Beim Thema „Informieren" geht es nicht selten auch um stark politisch behaftete Faktoren, das heißt, alleine der Zeitpunkt der Kenntnisnahme stellt in bestimmten Kreisen eine spezielle Form der Reputation dar – analog dazu auch die jeweilige Quelle. Im übertragenen Sinne bedeutet das, je früher eine bestimmte Information beim Empfänger ankommt und je höher der hierarchische Rang des Senders, desto mehr Anerkennung wird dabei häufig empfunden.

Umgekehrt wird es Vorgesetzten nicht selten als Führungsschwäche durch die eigenen Mitarbeiter ausgelegt, wenn wichtige Informationen vermehrt nicht zeitnah, unvollständig oder auch inkorrekt ankommen, womit die eigene Autorität durchaus in Mitleidenschaft gerät. Riskant wird eine derartige Informationskultur insbesondere dann, wenn die Mitarbeiter aus Nachbarabteilungen identische Informationen regelmäßig früher erhalten und es dann auf Mitarbeiterebene zum Austausch kommt.

Grundsätzlich kommt es bei einer professionellen Informationskultur aber auch darauf an, genau zu eruieren, inwieweit

Personalsteuerung

ein bestimmter Personenkreis unmittelbar von der Information betroffen ist beziehungsweise lediglich das Bedürfnis nach Neugier damit befriedigt wird. Erfahrungsgemäß gehören personelle Veränderungen mit zu den interessantesten Informationen unter den Mitarbeitern – mitunter auch dann, wenn es die eigene Berichtslinie gar nicht tangiert. Geht es hingegen um strukturelle Veränderungen innerhalb einer Organisation, ergeben sich daraus meistens auch neue Aufgaben- und Verantwortungsbereiche, wodurch der einzelne Mitarbeiter in der Regel auch unmittelbar betroffen ist.

Insbesondere in derartig gelagerten Konstellationen ist eine professionelle Informationskultur unabdingbar. Dann nämlich geht es nicht nur – wie eingangs beschrieben, um Schnelligkeit, Vollständigkeit und Richtigkeit der Informationsverteilung, sondern auch darum, ein passendes und der jeweiligen Information angemessenes Format dafür zu wählen.

Je einschneidender und gravierender die Auswirkung der jeweiligen Information für einzelne Mitarbeiter oder ganze Einheiten ist, desto direkter sollte die Überbringung erfolgen. Das hat zur Folge, dass eine schriftliche Information selbstredend immer noch wertvoller ist als gänzlich darauf zu verzichten. Gleichzeitig ist es dringend anzuraten bei wichtigen Themen immer das persönliche Gespräch zu den Mitarbeitern zu suchen und falls dies logistisch oder physikalisch nicht darstellbar ist, dieses Gespräch virtuell oder notfalls mindestens telefonisch zu führen. Der Grund dafür liegt natürlich auch auf der Hand: bei wichtigen Informationen sollten betroffene Mitarbeiter ausnahmslos die Möglichkeit erhalten, unmittelbar offene Rückfragen zu stellen. Insofern trägt die Führungskraft zusätzlich die Verantwortung, sich relevante Zusammenhänge und Hintergrundwissen rechtzeitig anzueignen, um mögliche Rückfragen auch fundiert beantworten zu können.

Wer also die beschriebene Vorgehensweise beim Thema „informieren" entsprechend berücksichtigt, stabilisiert damit automatisch die Beziehungsebene zu seinen Mitarbeitern.

6.7 Konsequenzen

Wer in Zusammenhang mit Führung über Konsequenzen spricht, eröffnet damit in vielen Fällen ein Tabuthema. Dieser Umstand ist primär darauf zurückzuführen, dass der Begriff „Konsequenzen" negativ belegt ist. Niemand möchte gerne Konsequenzen erfahren – ganz unabhängig in welchem Kontext.

Andererseits wird ein konsequenter Führungsstil sehr häufig auch als wichtige Tugend bei Entscheidungsträgern angeführt – im unternehmerischen gleichermaßen wie im politischen Umfeld.

Aus meiner persönlichen Erfahrung heraus kann ich behaupten, dass konsequentes Handeln integraler und somit unverzichtbarer Bestandteil ergebnisorientierter Führungsarbeit ist. Um dieses Thema besser erfassen und greifen zu können, nähern wir uns aus der entgegengesetzten Richtung an.

Immer wenn ich vor einer schwierigen, weitreichenden oder auch unangenehmen Entscheidung stand und zwangsläufig auch mit mir ringen musste, bin ich immer sehr gut damit gefahren, indem ich mir die Frage nach den Alternativen gestellt habe. Das heißt konkret, welche alternativen Optionen gibt es grundsätzlich und was passiert, wenn ich es nicht so mache, wie entweder naheliegend oder ursprünglich angedacht? Gelange ich dann nämlich zur Erkenntnis, dass es keine ernsthafte und erfolgversprechende Alternative gibt, dann fällt auch die Entscheidung leichter.

Um im Beispiel zu bleiben, skizieren wir einen Fall: Führungskraft und Mitarbeiter verständigen sich auf ein gemeinsames Ziel, halten dieses schriftlich fest und bestimmen einen Zeitpunkt, an dem das Ergebnis vorliegen sollte. Wird dieses im Rahmen der Ergebniskontrolle erstmalig verfehlt oder gibt es eine anderweitige Abweichung, greifen zunächst ganz regulär die Mechanismen der Gegensteuerung. In dem Fall übernimmt die Führungskraft eine Art Koordinationsfunktion, mittels derer sie den Mitarbeiter dabei unterstützt, die Defizite zu identifizieren und gemeinsam Lösungswege zu erarbeiten. Dieser gemeinschaftliche und kooperative Führungsansatz setzt jedoch immer voraus, dass der Mitarbeiter auch eine entsprechende Lösungsbereitschaft aufweist und selbst an der Optimierung interessiert ist. Vereinfach ausgedrückt gehe ich sogar so weit zu sagen, wenn die richtige Einstellung in Kombination mit der entsprechenden Qualifikation des Mitarbeiters vorhanden ist, liegt die Gewährleistung eines bestimmten Ergebnisses maßgeblich in der Verantwortung der Führungskraft. Gelingt es der Führungskraft in einem derart gelagerten Fall nicht, eine Kurskorrektur herbeizuführen, hat sie ihren Führungsauftrag nicht erfüllt.

Allerdings wird nun jeder, der schon irgendwann einmal Berührungspunkte mit Personalführung hatte bestätigen können, dass es eben auch exakt die gegenteiligen Fälle gibt. Mitarbeiter, die zwar nachweislich über ausreichend Erfahrung und damit einhergehend auch über die erforderliche Qualifikation verfügen, aber eben keine angemessene Lösungsbereitschaft anbieten. Dies kann sich entweder so äußern, dass es gar nicht erst zu einem gemeinsamen, ernsthaften Ziel-Commitment kommt oder auch in der Form, dass eine gewisse Gleichgültigkeit hinsichtlich der Zielerreichung eintritt.

Bevor ich hierzu die Herangehensweise erläutere, erlaube ich mir folgenden, wichtigen Hinweis: natürlich handelt es sich bei Konsequenzen um ein extrem sensibles Führungsthema, das in Art der Anwendung und Ausprägung immer situativ betrachtet werden muss. Sprich, muss sich die Führungskraft immer die Frage stellen, wen betrifft das, ist es möglicherweise ein erstmaliger Vorgang aber eben auch, inwieweit passt das überhaupt zu meiner Persönlichkeit, zu meinem Führungsstil und letztlich damit auch zu meinen individuellen Ambitionen.

Personalführung im Wandel

Wer sich jedoch bewusst oder unbewusst gegen einen konsequenten Führungsstil entscheidet, der setzt sich damit automatisch der Gefahr aus, zum „zahnlosen Tiger" zu mutieren. Das bedeutet in diesem Fall, dass gemeinsam getroffene Vereinbarungen, Erwartungen und Ziele aus Sicht des Mitarbeiters deutlich weniger verbindlich wahrgenommen werden, weil es offenbar kaum einen Unterscheid macht, ob diese erfüllt werden oder nicht.

Um aber genau das zu vermeiden, sind Konsequenzen wie oben beschrieben, unverzichtbare Führungsinstrumente. An dieser Stelle möchte ich eine klare, begriffliche Abgrenzung zu Sanktionen herstellen. Wer Mitarbeiter sanktioniert, handelt einseitig und erzeugt dadurch keinerlei gegenseitigen Mehrwert, erhofft dadurch jedoch eine Art pädagogischen Effekt durch Bestrafung. Dieser Ansatz ist meiner Einschätzung nach absolut nicht zielführend und hat deshalb auch nichts mit kooperativer Mitarbeiterführung zu tun. Im Gegensatz zu Sanktionen sollten Konsequenzen immer einen gewissen Mehrwert stiften, indem sie insgesamt zu einem besseren Output führen. Für den einzelnen Mitarbeiter kann dies individuell betrachtet durchaus von Nachteil sein, was in dem Fall aber in Kauf zu nehmen ist. Wenn zum Beispiel ein Vertriebsmitarbeiter zum wiederholten Male seine Kundenziele nicht erreicht und damit das Potential seines Portfolios nicht ausschöpft, kann es durchaus ratsam sein, die Betreuung des Kunden einem anderen Kollegen zu übertragen. Ein anderes Beispiel bezieht sich auf unterstützende Tätigkeiten. Oftmals gibt es in Vertriebsorganisationen eine Innendiensteinheit, die primär administrative, bürokratische und organisatorische Aufgaben für die Außendienstmitarbeiter übernehmen. In solchen Fällen wäre es also auch denkbar – jedenfalls temporär – die Unterstützung für den betreffenden Mitarbeiter vorübergehend abzuziehen und stattdessen andere Kollegen stärker zu entlasten, die einen höheren Ergebnisbeitrag erwirtschaften.

Dieses Thema ist höchst sensibel und erfordert neben jeder Menge Führungsroutine auch eine entsprechende Standhaftigkeit und Resistenz. Wer jedoch dieses Element in seine Führungstätigkeit integriert, wird dadurch in erster Linie sein persönliches Format schärfen und Führungsstärke entwickeln, die sich letztendlich positiv auf das Gesamtergebnis auswirken werden. Aus Sicht des einzelnen, betroffenen Mitarbeiters kann dieses Vorgehen – wie erläutert – durchaus nachteilig sein. Gesamtheitlich betrachtet erhöht es jedoch die Transparenz und Fairness gegenüber allen anderen Mitarbeitern, wodurch sich im Normalfall ein positiver Effekt auf das Team- oder Abteilungsgefüge ergeben sollte.

7. Strategische Personalsteuerung

Wie der Begriff bereits impliziert, befasst sich die strategische Personalsteuerung mit Führungsinstrumenten, die entweder Teil einer strategischen Zielsetzung sind oder maßgeblich darauf Einfluss nehmen können. Führungskräfte müssen daher sicherzustellen, dass die eigenen Mitarbeiter den gemeinsamen Kurs bedingungslos mittragen und im Idealfall sich auch damit identifizieren.

7.1 Change-Management

Wie bereits mehrfach in diesem Buch erwähnt, zählen Veränderungen zu den eher unpopulären Erscheinungen innerhalb der Belegschaft eines Unternehmens. Dennoch kommt es mitunter zu zahlreichen und fast schon regelmäßigen Änderungsprozessen. Dies kann ganz unterschiedliche Ursachen haben, allen gemeinsam ist immer ein bestimmter Impuls. Es gibt drei wesentliche Impulse.

Personalführung im Wandel

Einer der häufigsten Impulse ist in einer strukturellen Veränderung begründet, das heißt, dass eine Führungskraft ihre bisherige Aufgabe – warum auch immer - nicht weiter ausübt. Dabei ist es zunächst irrelevant, ob der Grund dafür auf Eigenkündigung des Mitarbeiters zurückzuführen ist oder ob die Entscheidung durch das Unternehmen getroffen wurde. Es muss auch nicht zwingend zur Trennung kommen, im Grunde genommen genügt es ja bereits, wenn der betreffende Mitarbeiter eine andere Aufgabe innerhalb des Unternehmens übernimmt. Analog hierzu gibt es auch temporäre Abwesenheiten von Führungskräften zum Beispiel krankheits- oder elternzeitbedingt. Das Endergebnis ist insofern immer identisch, als dass die bisherige Funktion der Führungskraft anderweitig ausgeübt und somit Aufgaben und Verantwortlichkeiten anderweitig verteilt werden müssen.

Der zweite Impuls ist auf Veränderungen zurückzuführen, die einen rein organisationstechnischen Charakter besitzen. Dies tritt in der Regel dann auf, wenn beispielsweise verschiedene Funktionseinheiten integriert beziehungsweise zusammengelegt werden sollen. Ebenso denkbar in der umgekehrten Konstellation, das heißt, wenn einzelne Sparten herausgelöst und vom Kerngeschäft getrennt werden sollen.

Der dritte Hauptimpuls ist auf operative Veränderungen zurückzuführen. Dies tritt meistens dann in Erscheinung, wenn es inhaltliche, prozessuale oder methodische Veränderungen innerhalb eines Unternehmens oder einer Funktionseinheit gibt. Inhaltlich könnte zum Beispiel die Erweiterung oder Anpassung des Produkt- und Dienstleistungsspektrums sein. Prozessual – wie der Name bereits impliziert – sind alle prozessbezogenen Veränderungen in den Abläufen der Wertschöpfungskette. Und last but not least sind methodische Veränderungen damit in der Regel auch vorprogrammiert. Methodisch heißt in diesem Kontext, was muss zum Beispiel der einzelne Mitarbeiter zukünftig anders machen, damit das Produkt oder die Dienstleistung beim Kunden ankommt.

Personalsteuerung

Obwohl das Thema Veränderungen an dieser Stelle auch wirklich nur rudimentär beleuchtet wurde, erkennt man hier bereits die Komplexität. Je komplexer die Auswirkungen von Veränderungen für die Mitarbeiter letztlich sind, desto höher die Bedeutung eines professionellen Change Managements.

Um eines an dieser Stelle vorwegzunehmen: auch bei diesem Thema gibt es zwar unzählig viele verschiedene Ansätze und dennoch nicht „den" Königsweg. Am Ende des Tages entscheidet immer die Akzeptanz der Betroffenen sowie ein möglichst reibungsloser Übergang zum Regelbetrieb über den Erfolg des Change-Managements.

Um wiederum diesen Erfolg aktiv steuern zu können, gilt es einige Punkte zu berücksichtigen.

Zunächst ist es absolut essentiell und damit erfolgskritisch, dass es eine passende, so genannte „Change Story" gibt. Diese Story muss Antworten liefern auf die Fragestellungen was (ändert sich), wie (läuft die Veränderung ab), warum (brauchen wir diese Veränderung), wer (ist davon betroffen), ab wann (tritt die Veränderung in Kraft) und – ganz entscheidend – welches (Ziel verfolgen wir damit)?

Wenn Sie diese Fragen in Ihrer Change Story beantworten können, sind Sie bereits sehr gut aufgestellt und damit schon besser vorbereitet als in den meisten Fällen. Denn eines ist natürlich völlig unstrittig: die oben genannten Fragen werden definitiv in den Reihen der Mitarbeiter auftreten. Wenn Sie dann nicht in der Lage sind, diese prägnant, schlüssig und nachvollziehbar zu beantworten, werden Sie diese Hypothek mit in die Umsetzung nehmen, wodurch es automatisch zu Reibungsverlusten kommen wird. Dies ist alleine dadurch erklärbar, dass die Mitarbeiter bei Unklarheiten spekulieren werden und sich verstärkt mit den offenen Punkten auseinandersetzen und nicht konsequent genug an der zielgerichteten Umsetzung arbeiten.

Gleichermaßen erfolgskritisch im Rahmen des Change-Managements ist die richtige Kommunikation. In diesem Kontext kommt es bei der Kommunikation nicht nur auf verständliche und angemessene Wortwahl an, sondern ganz entscheidend auch auf den entsprechenden Rahmen, die Art und Weise sowie auf die Wahl der Adressatenreihenfolge.

Gerade in größeren Organisationseinheiten mit mehreren Hierarchieebenen ist es daher sehr zu empfehlen, dass die oberste Führungsebene direkt unterhalb des Entscheiders möglichst frühzeitig eingebunden wird – je nach Thema auch vertraulich. Derartige Gespräche sollten aufgrund ihrer Relevanz möglichst unmittelbar und immer als persönliche Einzelgespräche stattfinden. Je nach dem wie groß der Kreis der Betroffenen ist, sollten die Gespräche auch eng aneinander getaktet sein – einfach um zu vermeiden, dass zwischen den Gesprächen Informationen den Adressatenkreis verlassen könnten. Abhängig davon, um welche Führungsspanne es sich handelt, ist es durchaus vertretbar, die zweite Führungsebene gesammelt über die bevorstehende Veränderung zu informieren – idealerweise in Anwesenheit des Entscheiders sowie deren, bereits informierte Vorgesetzte. Die jeweiligen Einheiten unter den zweiten Führungsebenen – je nach Organisationsstruktur können das Gruppen, Teams oder Abteilungen sein - sollten dann ebenfalls persönlich informiert werden. In diesem Fall bieten sich Team- oder Abteilungsmeetings an. Somit ist in jedem Fall absolute Transparenz gewährleistet.

Ganz entscheidend ist in diesem Zusammenhang, dass der Entscheider – das heißt die Person, die letztlich die Veränderung veranlasst hat – sicherzustellen hat, dass alle beteiligten Linienführungskräfte die Veränderung nach unten bedingungslos mittragen. Selbstverständlich wird es an der ein oder anderen Stelle erhöhten Klärungsbedarf geben. Es ist auch völlig legitim, dass bestimmte Elemente kritisch gesehen oder hinterfragt werden und auch, dass einzelne Füh-

Personalsteuerung

rungskräfte durchaus nicht vollumfänglich überzeugt sind. Dies können und sollten sie auch unbedingt „nach oben" so vertreten, „nach unten" jedoch darf die Kernbotschaft nicht verwässert werden. Stattdessen sollte das gesamte Management nach Außen geschlossen auftreten. Andernfalls laufen Sie Gefahr, dass Sie dauerhaft über Sinnhaftigkeit, Notwendigkeit und damit auch zwangsläufig über Alternativen der Veränderung diskutieren. Dies ist natürlich durchaus gestattet – allerdings nur solange die Entscheidung bezüglich einer Veränderung nicht getroffen ist. Ist diese getroffen, muss der Entscheider auch sicherstellen, dass die Umsetzung ohne jegliche Einschränkung und möglichst ohne zeitlichen Verzug erfolgt – andernfalls riskiert er seine Glaubwürdigkeit und damit am Ende auch seine Autorität.

7.2 Jahresplanung

Kommen wir nun zu einem Thema, mit dem alle Führungskräfte zwangsläufig konfrontiert werden – ob nun direkt oder indirekt: die Jahresplanung.

Jahresplanungen werden in der Regel durch den Finanzvorstand eines Unternehmens initiiert und anschließend kaskadenartig auf die einzelnen Funktionsbereiche heruntergebrochen. Insofern hat jede Führungskraft im Unternehmen die Aufgabe, eine Jahresplanung für ihren Verantwortungsbereich vorzunehmen.

Realistisch betrachtet sind dabei erfahrungsgemäß die eigenen Einflussmöglichkeiten umso begrenzter, je kleiner die jeweilige Parzelle beziehungsweise je mehr Hierarchieebenen darüber liegen.

Wenn zum Beispiel die Unternehmensvorgabe lautet, die Umsatzerlöse für das kommende Geschäftsjahr um zwanzig Prozent zu steigern und damit zusätzliche Rendite von vier

Prozent zu erwirtschaften, muss diese Zielsetzung nicht automatisch für alle Funktionsbereiche gleichermaßen gelten.

Sinnvollerweise müssen sämtliche Faktoren der Leistungserbringung mit einbezogen werden. Auf diese Weise ist es nicht nur legitim, sondern völlig normal, dass bestimmte Funktionseinheiten einen größeren Ergebnisbeitrag leisten müssen als andere Einheiten. Bisweilen werden manche Einheiten auch mit Verlusten bewusst einkalkuliert, die folglich über andere Kanäle kompensiert beziehungsweise querfinanziert werden müssen.

Die Ursachen für die teilweise eklatanten Unterschiede sind natürlich sehr vielschichtig. Aus Gründen der Einfachheit befassen wir uns an dieser Stelle ausschließlich mit Vertriebseinheiten, da diese originär mindestens Umsatz- oder auch Gewinnerzielungsabsichten verfolgen.

Eine ganz zentrale Bedeutung bei der Jahresplanung spielt erneut der individuelle Reifegrad der Mitarbeiter. Besteht die jeweilige Funktionseinheit überwiegend aus erfahrenen Mitarbeitern mit etablierten Bestandskunden, dann muss dieser Umstand auch entsprechend beim Ergebnisbeitrag berücksichtigt werden – gegebenenfalls liegen in solchen Fällen die individuellen Zielvorgaben auch über den Konzernvorgaben. Wenn hingegeben im umgekehrten Fall überwiegend junge Mitarbeiter eingesetzt sind, die ihren Bestandskundenstamm erst noch entwickeln müssen, muss auch dieser Umstand Berücksichtigung finden, indem die Vorgaben entsprechend niedriger sind. Ähnlich verhält es sich, wenn zum Beispiel neue Produkte, Dienstleistungen oder Services gelauncht werden sollen. Hierbei sind die Unwägbarkeiten deutlich größer, wodurch ebenfalls ein Risikoabschlag einkalkuliert werden muss.

Ich persönlich habe immer sehr gute Erfahrungen damit gemacht, indem ich operative Führungskräfte und erfahrene Mitarbeiter in meine Jahresplanungen aktiv mit eingebunden habe. Da diese Mitarbeiter im Regelfall Markt-, Kunden- und Produkt-/Dienstleistungsumfeld im Detail besser ken-

Personalsteuerung

nen, sind einerseits deren Einschätzungen und Erfahrungswerte enorm aufschlussreich und hilfreich für eine fundierte Jahresplanung. Andererseits ist es gegenüber den betroffenen Mitarbeitern auch ein starkes Zeichen der Wertschätzung, das gleichzeitig die Akzeptanz für die Zielsetzung erhöht. Mitarbeiter und Führungskräfte, die quasi selbst die Erwartungen und Zielsetzungen für das folgende Geschäftsjahr aktiv mitgestaltet haben, werden zwangsläufig auch ein deutlich höhere Commitment dafür aufbringen und können diese Ziele gegenüber ihren Mitarbeitern deutlich besser vermitteln.

Selbstredend bedeutet diese Herangehensweise nicht automatisch, dass individuelle Wünsche eins zu eins übernommen werden. Der Vorteil des Austausches besteht jedoch darin, dass frühzeitig unterschiedliche Sichtweisen abgeglichen werden und die Akzeptanz der Erwartungshaltung in der Regel immer höher ist, wenn die Betroffenen möglichst frühzeitig involviert sind.

Grundsätzlich ist es die große Kunst der Jahresplanung, sämtliche Unwägbarkeiten wie etwa zukünftige Umsätze, Gewinne, dafür benötigte personelle, räumliche und finanzielle Ressourcen als auch Markt- und Wettbewerbsentwicklungen richtig zu antizipieren und möglichst präzise zu skalieren. Je mehr Informationen und Erfahrungswerte dafür vorliegen, desto einfacher und treffsicherer lässt sich eine Planung dann auch auslegen.

Jahresplanungen sind keineswegs immer nur auf das Kalenderjahr anwendbar, sondern richten sich nach dem jeweils im Unternehmen gültigen Fiskaljahrzyklus – dieser variiert ganz individuell. Optional gibt es auch andere Planungszeiträume wie zum Beispiel viertel-, halb- oder auch zwei oder mehrjährig. Die Jahresplanung ist jedoch die am stärksten verbreitete Form der Unternehmensplanung.

7.3 Kick-Off

Ein Begriff, der seinen Ursprung im Sportbereich hat, zunehmend jedoch auch im geschäftlichen Umfeld benutzt wird: Kick-off. Rein von der Bedeutung gibt es hier keine Unterscheidung, denn als Kick-off wird sowohl der Anstoß und Anpfiff als auch der Start und Auftakt bezeichnet.

Kick-offs werden somit in diesem Kontext üblicherweise als Auftaktveranstaltungen in jeweils neue Geschäftsabschnitte verstanden – also entweder Quartale, halbe oder volle Geschäftsjahre. Selbstverständlich gibt es auch hierfür keinen festgelegten Rahmen weshalb Inhalt, Ablauf und Zusammensetzung von Kick-offs sehr stark variieren können. Die Intention, die ein Kick-off jedoch verfolgt, ist nahezu immer identisch: es geht darum, die Mitarbeiter einer bestimmten Organisationseinheit auf den bevorstehenden Geschäftsabschnitt und die damit verbundenen Herausforderungen und gemeinsamen Ziele einzuschwören.

Ich persönlich habe immer einmal jährlich zu Beginn eines neuen Geschäftsjahres ein Kick-off für meinen Verantwortungsbereich abgehalten.

Dabei gilt es zunächst die Frage des entsprechenden Rahmens zu klären, der bereits eine entscheidende logistische Herausforderung darstellt. In Zeiten einer weltweiten Pandemie kann die Beantwortung dieser Frage durchaus einfach sein, indem das Kick-off virtuell stattfindet. Erfahrungsgemäß ist es aber ein Irrglaube davon auszugehen, dass Inhalt und Ablauf identisch bleiben sollten, wenn alle Teilnehmer lediglich vor ihren Bildschirmen sitzen. Wie bereits eingangs erwähnt, kommt es beim Kick-off darauf an, alle Teilnehmer auf eine gemeinsame Ausrichtung im neuen Abschnitt einzuschwören. Dies wiederum bedingt, dass der Spannungsbogen während der Veranstaltung möglichst konsequent oben gehalten werden muss. Dies ist logischerweise deutlich anspruchsvoller, wenn das Kick-off rein digital abgehalten wird.

Personalsteuerung

Ist dies so gewünscht oder eben anders gar nicht abbildbar, dann empfehle ich ausdrücklich kurze prägnante Agendablöcke, bei denen die reine Sprechzeit des Referenten nicht länger als fünf Minuten am Stück beträgt. Dazwischen sollten zwingend interaktive Elemente mit einfließen, bei denen die Teilnehmer zum Beispiel bestimmte Fragen oder Sachverhalte in Gruppen erörtern, Übungen am virtuellen White Board machen oder einfach indem möglichst viele unterschiedliche Teilnehmer auch aktive Redeanteile erhalten oder zugewiesen bekommen. Auf diese Weise wirkt die ganze Veranstaltung deutlich lockerer und die Aufmerksamkeit der Teilnehmer ist in Summe höher.

Falls es zeitlich, budgettechnisch und kulturell möglich ist, empfehle ich jedoch Kick-offs immer als Präsenzveranstaltung abzuhalten, da der Nachhaltigkeitseffekt üblicherweise deutlich größer ist.

Zunächst gilt es jedoch die richtige Umgebung dafür auszuwählen. Dies hängt in aller erster Linie damit zusammen, wie viele Personen zur jeweiligen Organisationseinheit zählen und wo diese üblicherweise ansässig sind. In meinem Fall habe ich also immer versucht Locations auszuwählen, die einerseits natürlich ausreichend Sitzplätze für alle Teilnehmer gewährleisten konnten und andererseits möglichst für alle Teilnehmer halbwegs gleich gut erreichbar sind. Sehr positive Erfahrungen habe ich mit Kinos und Hörsälen gemacht. Durch die stufenweise Anordnung der Sitzreihen ist nicht nur eine uneingeschränkte Sicht für Teilnehmer und Referent gewährleistet, sondern es erleichtert auch definitiv die Kommunikation untereinander.

Was Inhalt und Ablauf betrifft, sind der individuellen Kreativität keine Grenzen gesetzt – aber gerade darauf kommt es eben auch in entscheidendem Maße an. So sollte jedes Kick-off immer auch ein eigenes Motto erhalten. Auf diese Weise lassen sich gemeinsame Ziele und Visionen deutlich einfacher vermitteln.

Unabhängig vom Ausgang und Endergebnis des abgelaufenen Geschäftsjahres, sollte ein Kick-off immer auch einen Rückblick beinhalten. Dass dieser in den seltensten Fällen ohne nüchterne Kennzahlen ausfallen dürfte, liegt in der Natur der Sache begründet. In jedem Fall bietet sich ein Rückblick aber an, um auf Erfolge einzugehen und dabei auch besondere Leistungen Einzelner hervorzuheben. In diesem Kontext habe ich immer versucht auf eine möglichst ausgewogene Verteilung zu achten und insbesondere auch diejenigen explizit hervorgehoben, die sonst eher nicht im Rampenlicht standen.

Mindestens den gleichen Stellenwert wie ein Jahresrückblick sollte logischerweise der Ausblick haben. Dabei gilt es ausgehend vom Status Quo zu thematisieren, was sind die Erwartungen und Ziele für die kommende Periode. Diese sollten zwingend nicht nur genannt, sondern eben auch erläutert und notfalls hergeleitet werden. Das heißt zu erklären, wie die vorgegebenen Ziele zu erreichen sind, welche Maßnahmen erforderlich sind und welche Ressourcen dafür benötigt werden. Entscheidend ist hierbei, dass Herleitung und Erläuterung möglichst von allen Teilnehmern nachvollzogen werden können.

Damit sich für das Kick-off ein rundes Bild ergibt, sollten neben dem Rück- und dem Ausblick das Thema Leitbild und Vision aufgegriffen werden. Ehrlicherweise habe ich die Bedeutung dieser Schwerpunkte zu Beginn meiner Laufbahn selbst unterschätzt und meine Kick-offs zu stark faktenbasiert aufgesetzt. Diese waren für die Teilnehmer zwar grundsätzlich griffig und klar, allerdings fehlte vielen meiner Mitarbeiter eine Art übergeordnetes Ziel. Der Dialog zu dieser Sichtweise führte letztlich für mich zur Erkenntnis, dass es den Teilnehmern verstärkt um den ideellen Wert ihrer Arbeit geht. Was ist zum Beispiel der gesellschaftliche oder soziokulturelle Beitrag – nicht nur unserer Gesamtorganisation, sondern eben auch der Beitrag unseres eigenen Bereichs? Die Frage nach

Personalsteuerung

der Erzeugung eines Leitbildes oder einer Vision ist sicherlich nicht trivial. Gleichzeitig sind auch hier keinerlei Grenzen gesetzt außer denen, dass sie zwingend den Nerv der Mitarbeiter treffen müssen. Nur dann werden sie sich auch damit identifizieren können. Erfahrungsgemäß bietet es sich in diesem Kontext an, sehr plakativ und symbolisch zu agieren, indem beispielsweise ein bestimmtes Motiv exemplarisch für die eigene Vision ausgewählt wird und das dazugehörige Leitbild entsprechend flankiert wird.

Wenn Sie also ein Kick-off planen und die genannten Elemente berücksichtigen, haben Sie in jedem Fall eine solide Basis dafür. Wenn es Ihnen abschließend noch gelingt, ihre Mitarbeiter aktiv in die Agenda mit einzubinden, dann runden Sie den Gesamteindruck damit ab. So habe ich beispielsweise sehr positive Erfahrung damit gemacht, indem ich in unser jährliches Kick-off Teambeiträge eingebunden habe. Das jeweilige Motto habe ich meistens vorgegeben, die Umsetzung erfolgte individuell und kreativ. Diese Maßnahme hatte nicht nur den allgemeinen Unterhaltungswert enorm gesteigert, sondern auch das Zusammengehörigkeitsgefühl gestärkt. Nachdem sich die meisten Mitarbeiter auf diesen Agendapunkt am meisten gefreut hatten, hatte auch das Kick-off in Summe ein äußerst positives Image.

7.4 Networking

Der Vorteil beim Thema Networking ist der, dass wohl kaum jemand ernsthaft die Wichtigkeit bezweifeln würde. Vermutlich ist es auch der Tipp, den alle angehenden Führungskräfte von deren Vorgesetzten erhalten, sich möglichst eng und gut zu vernetzen. Aber was genau steckt dahinter? Warum ist Networking so bedeutend und wie funktioniert es eigentlich richtig?

Grundsätzlich geht es beim Networking darum innerhalb des eigenen, geschäftlichen Umfelds möglichst viele Kontakte zu knüpfen. Dabei spielt es zunächst keine Rolle, inwieweit die Kontakte innerhalb oder außerhalb des eigenen Unternehmens liegen. Entscheidend dabei ist jedoch, wie intensiv die jeweiligen Kontakte sind und wie regelmäßig diese gepflegt werden. Daraus leitet sich auch ab, dass Kontaktpflege beziehungsweise Networking ein hohes Maß an Eigeninitiative und Proaktivität voraussetzt.

Der Grundgedanke beim Networking bezieht sich primär auf allgemeinen Informationsvorsprung. Insbesondere die informellen Kanäle wie etwa das berühmt-berüchtigte Flurfunkgespräch, eine gemeinsame Kaffee- oder Mittagspause oder auch das allseits beliebte Feierabendbier sind erfahrungsgemäß perfekte Plattformen für inoffiziellen Informationsaustausch. Exakt an diesem Punkt stößt auch die hochgelobte Homeoffice-Kultur – zu der ich später nochmals explizit kommen werde – definitiv an ihre Grenzen. Klar sind auch hier mittlerweile Online-Stammtische und ähnliches etabliert, nach meiner Einschätzung mangelt es hier zum einen an Nachhaltigkeit und zum anderen an Substanz. Die wirklich wichtigen, interessanten und teilweise auch streng vertraulichen Themen werden nach wie vor so gut wie ausschließlich über persönliche Kontakte ausgetauscht.

Folglich profitieren gut vernetzte und daher entsprechend gut informierte Führungskräfte vom Wissensvorsprung, den sie bei der strategischen Ausrichtung ihres Verantwortungsbereichs berücksichtigen können. Wie wertvoll dieser Wissensvorsprung tatsächlich ist, wird umso deutlicher beim Blick auf den gegenteiligen Effekt, das heißt, wenn die Vernetzung fehlt und somit alle weitreichenden Entscheidungen und Informationen nur über den offiziellen Weg bei der entsprechenden Führungskraft ankommen. In diesem Fall ist damit zu rechnen, dass aus dem nicht vorhandenen Wissensvorsprung auch ein echter Wettbewerbsnachteil entsteht, weil besser informierte Kollegen einfach frühzeitiger planen können.

Ehrlicherweise will ich an dieser Stelle aber auch die Kehrseite der Medaille nicht verschweigen. Je größer ein Unternehmen ist, desto höher üblicherweise auch der Formalismus. Das bedeutet, dass jede noch so unerheblich wirkende Maßnahme nicht selten ein aufwendiges Genehmigungsverfahren durchlaufend muss und möglicherweise auch gar keine Zustimmung erhält. Ärgerlich ist dies insbesondere für diejenigen, die sich formal und korrekt an die Prozessvorgaben halten, während Kollegen aufgrund ihres guten Netzwerks diesen umgehen oder zumindest verkürzen können.

Allerdings gehört eben auch zur Wahrheit, dass Networking für Führungskräfte eine zentrale Rolle spielt – umso mehr, je höher der hierarchische Rang ist.

7.5 Organisation

Niemand würde wohl ernsthaft bestreiten, dass Organisation eine der Top-Führungsfähigkeiten ist. In jedem Fall wird dies in nahezu jeder repräsentativen Meinungsumfrage unter Angestellten so benannt. Organisation bei Führungskräften kann derart vielschichtig und umfassend sein, so dass sich darüber vermutlich sogar mehrere Bücher verfassen ließen. Insofern lautet die eigentlich spannende Frage eher, wie lassen sich die Kernelemente so komprimieren, dass eine angehende Führungskraft versteht, worauf es tatsächlich ankommt.

Um die Vielschichtigkeit und Komplexität des Begriffs Organisation zu reduzieren, befassen wir uns zunächst mit der Unterscheidung zwischen „organisieren" und „organisiert sein", da beide Ausprägungen grundsätzlich subsummiert werden.

Organisieren impliziert, dass die Führungskraft alle erforderlichen Rahmenbedingungen so koordinieren muss, um

Personalführung im Wandel

einen möglichst reibungslosen und effektiven Regelbetrieb sicherzustellen. Je nach Branche, Geschäftstätigkeit und Größe der Führungsspanne können dabei ganz unterschiedliche Herausforderungen entstehen – insbesondere im Hinblick auf Arbeits- beziehungsweise Anwesenheitszeiten. Aus Gründen der Konsistenz bleiben wir zur Veranschaulichung erneut beim Beispiel einer Vertriebsorganisation. Aus meiner persönlichen Perspektive heraus beurteilt, halte ich feste und starre Arbeitszeiten für wenig zielführend. Stattdessen sollten sie möglichst flexibel an die Erreichbarkeiten der eigenen Kunden angepasst werden.

Weitere Beispiele, die eine Führungskraft organisieren muss, um einen reibungslosen Regelbetrieb zu gewährleisten, lassen sich unzählige anführen, sind jedoch nicht weiter erklärungsbedürftig.

Hingegen kommt es beim Thema „organisiert sein" für Führungskräfte primär darauf an, die eigenen Aufgaben, Zuständigkeiten und Verantwortlichkeiten richtig zu priorisieren.

Die Gefahr, die eigene Zeit nicht sinnvoll und effektiv zu nutzen ist für Führungskräfte nicht zu unterschätzen. Auch aus eigener Erfahrung kann ich durchaus bestätigen, dass es immer eine latente, unterschwellige Verleitung gibt, die eigenen Aufgaben nicht priorisiert, sondern eben impulsgetrieben abzuarbeiten. Nach meiner Beobachtung arbeiten nahezu alle Führungskräfte grundsätzlich priorisiert beziehungsweise haben sie ein System, mit dem sie sich priorisieren. Dazu gibt es heutzutage bekanntlich unzählige, digitale Formate und Alternativen. Allerdings kommt es am Ende nicht auf die Wahl des Formats oder bestimmte Features an, sondern letztlich nur darauf, wie diszipliniert die betreffende Führungskraft sich daran auch orientiert.

Mitunter liegt das auch an der vorhandenen Routine und Erfahrung. Gerade bei Nachwuchsführungskräften habe ich es immer wieder erlebt, dass ein gewisser „Helferinstinkt" entwickelt wurde. Um dies in aller Deutlichkeit zu sagen: dieser „Helferinstinkt" entsteht in gewisser Weise auch zwangsläufig und ist keineswegs generell zu verurteilen. Aus der Perspektive der Nachwuchsführungskraft ist zum Beispiel der erste, direkt unterstellte und womöglich auch selbst eingestellte Mitarbeiter immer etwas ganz Besonderes. Sehr viele Führungskräfte erlebe ich mit ihren „ersten, eigenen Mitarbeitern" höchst engagiert und verantwortungsbewusst. Allerdings ist es eben auch ein extrem schmaler Grat zwischen Ansprechbar-, Greif- und Verfügbarkeit einer Führungskraft auf der einen Seite sowie eine gewisse Förderung zur Bequemlichkeit und Unselbständigkeit auf der anderen Seite. In dem Wissen und Bewusstsein, die eigene Führungskraft jederzeit mit jeglichem Anliegen frequentieren zu können, wird dieses „Angebot" in der Regel auch angenommen. Die betreffende Führungskraft fühlt sich dann nicht selten dazu verpflichtet, umgehend zu „helfen" – was eben wie gesagt weder dem Entwicklungsprozess des Mitarbeiters dienlich noch der eigenen Organisation zuträglich ist.

Wer sich als Führungskraft also priorisiert – und nach eigener Aussage trifft dies auf nahezu alle Führungskräfte zu - der sollte auch entsprechend konsequent und diszipliniert auf die Einhaltung der eigenen Prioritätsvorgaben achten. Dazu gehört dann beispielsweise auch eine Art Sprechzeit für Mitarbeiteranliegen vorzusehen mit der Auswirkung, dass die Belange der Mitarbeiter zeitlich und terminlich gebündelt vorgebracht werden. Neben der eigenen Organisation fördert dieses Vorgehen auch die Selbständigkeit der Mitarbeiter, weil sie auf diese Weise zwangsläufig auch eigene Lösungswege ausprobieren müssen. Dies mag sich für die betroffenen Mitarbeiter im ersten Moment etwas ungewöhnlich anfühlen, insbesondere wenn es die Führungskraft bislang anders gelebt hat. Wer sich aber konsequent daran hält wird sehr schnell die positiven Effekte spüren.

Jeder, der konsequent eine Aufgabe nach der anderen abarbeitet, wird definitiv am Ende des Tages ein größeres

Pensum bewältigt haben. In Wahrheit sind nämlich nicht die „kleinen Fragen" die großen Zeitfresser, sondern die sogenannten „Rüstzeiten". Das bedeutet, dass jemand, der gedanklich tief verankert mit einem speziellen Thema ist, sich zunächst davon erst einmal lösen und sich dann in ein völlig neues Thema „reindenken" muss. Genau das kostet jeweils wertvolle Zeit.

Was die Verteilung der eigenen Prioritäten betrifft, kann ich jeder Führungskraft die allseits bekannte und renommierte Eisenhower-Matrix empfehlen. Dabei geht es darum, bevorstehende Aufgaben nach Wichtigkeit und Dringlichkeit zu sortieren und entsprechend zu priorisieren. Somit werden kurzfristig und unmittelbar nur Aufgaben erledigt, die sowohl dringend als auch wichtig sind, während unwichtige und kaum dringende Aufgaben folglich erstmal zurückgestellt werden.

In diesem Zusammenhang empfehle ich explizit allen anstehenden Aufgaben – unabhängig ob es von Dritten vorgegeben ist oder nicht – eine persönliche Deadline zuzuweisen, bis wann diese zu erledigen ist. Dadurch verringert sich das Risiko, irgendetwas zu übersehen oder zu vergessen. Dabei ist natürlich auch zu beachten, dass die Einordnung nach dem Eisenhower-Prinzip überwiegend subjektiv verläuft, ergo entscheidet die Führungskraft aus ihrer Perspektive nach Wichtigkeit und Dringlichkeit. Aus Sicht der betroffenen Person wird sich vermutlich eine davon abweichende Bewertung ergeben. Daher ist es auch wichtig, dass die durch die Führungskraft festgelegte Deadline auch entsprechend an die betroffenen Mitarbeiter kommuniziert und gegebenenfalls auch erläutert wird. Somit entsteht eine transparente und realistische Erwartungshaltung. Aus Sicht des Mitarbeiters ist es dennoch wertvoller darüber unterrichtet zu werden und zu verstehen, warum ein bestimmtes, individuelles Anliegen niedriger priorisiert wird, gleichzeitig aber auch zu wissen, wann es bearbeitet wird, als dass es einfach nur „empfangen" wird und in Vergessenheit gerät.

Wer als Führungskraft so mit seinen Mitarbeitern kommuniziert beziehungsweise umgeht, wird dennoch als „organisiert" wahrgenommen, was aus Sicht der Mitarbeiter eine extrem wichtige Führungseigenschaft darstellt.

7.6 Strategisches Management

Der inhaltliche Fokus von klassischen Führungsaufgaben richtet sich häufig sehr stark nach operativen Themen aus. Ehrlicherweise ist das insofern auch nicht von der Hand zu weisen, da operative Zielsetzungen mehr oder weniger das sprichwörtliche „Brot- und Butter-Geschäft" bezeichnen. In klassischen Vertriebsorganisationen sind das üblicherweise ganz konventionell Umsatz- und Ertragsziele. Überspitzt formuliert lässt sich sogar die Aussage treffen, dass strategische Zielsetzungen gar keine Rollen spielen dürften, solange die operativen Hausaufgaben nicht erledigt sind. Ganz so trivial ist es dennoch nicht, denn die strategische Ausrichtung von Unternehmen oder auch einzelnen Funktionseinheiten sind in aller Regel langfristig ausgelegt und werden üblicherweise nur punktuell im Zuge gravierender Änderungen anpasst.

Strategisches Management hat somit die Kernfunktion, sämtliche Eventualitäten, die sich auf die zukünftige Geschäftsentwicklung auswirken könnten, möglichst präzise messbar zu machen, somit die eigene Positionierung im Idealfall danach auszurichten.

Ein sehr aktuelles Beispiel stellt das Thema Nachhaltigkeit und Klimaneutralität dar. Wir wissen heute bereits, dass die fixierten Klimaziele Emissionsfreiheit bis zum Jahr 2045 innerhalb der EU vorsehen. Insofern ist es auch deutlich absehbar, dass klimaneutrale Technologien zukünftig die Weltwirtschaft dominieren werden. Unabhängig davon, ob ein Unternehmen seinen Wertschöpfungsschwerpunkt in der Entwicklung und Herstellung von Produkten oder im Dienstleistungsbereich hat, hat diese Zielsetzung zwangsläufig entscheidende Auswirkung im Hinblick auf die eigene Wettbewerbsfähigkeit. Somit ergeben sich automatisch Fragen wie „wer werden meine zukünftigen Kunden sein?", „wo und wie finde ich diese?", „wie wird sich das Kaufverhalten meiner Kunden verändern?", „wer sind meine Wettbewerber und mit welchen Produkten werden diese am Markt agieren?", „wie müssen wir unsere eigenen Produkt-/Dienstleistungsmerkmale verändern, um unsere Marktposition zu verteidigen oder auszubauen?"

Insofern ist auch selbsterklärend, dass strategisches Management immer auch einhergeht mit Datenerhebung beziehungsweise Datenerfassung. Die Führungskraft ist somit nicht nur verantwortlich für die strategische Ausrichtung, sondern eben auch dafür, diese Entscheidung mit fundierten Fakten entsprechend stützen zu können, weshalb Auswertungen dabei eine ganz wesentliche Rolle spielen.

Nicht zu unterschätzen ist an dieser Stelle auch der kulturelle Mehrwert des strategischen Managements. Wie im Abschnitt „Recruiting" bereits erläutert, stellt die Gewinnung neuer, qualifizierter Mitarbeiter einen ganz wesentlichen Erfolgsfaktor für das mittlere und obere Management dar. Insbesondere für jüngere Generationen neuer Mitarbeiter ist die strategische Ausrichtung ihres potentiellen, zukünftigen Arbeitgebers häufig ein ganz wichtiger Faktor bei der Job Wahl. Dabei geht es ihnen vorrangig auch darum, welchen gesellschaftlichen Beitrag der jeweilige Mitarbeiter im Rahmen seiner Tätigkeit leisten kann beziehungsweise welche gesellschaftlichen Werte das betreffende Unternehmen stützt und vertritt – was wiederum elementarer Bestandteil der jeweiligen strategischen Ausrichtung darstellt.

7.7 Task Force

Der Begriff Task-Force wurde zuletzt insbesondere im politischen Kontext häufig genutzt und muss sich daher nicht selten gegen sein inflationäres Image behaupten. Nicht umsonst heißt es im Volksmund ja „wenn du nicht weiter weißt, gründe eine Task-Force". Die wohl bekannteste Task-Force der jüngsten Vergangenheit ist die Ministerpräsidenten-Konferenz – kurz MPK – die sich in regelmäßigen Abständen zu Beratungen mit Blick auf die Covid19-Pandemiebekämpfung getroffen hat. Nachdem aus einer „Rekordsitzung" mit über fünfzehn Stunden Beratungszeit mangels Konsensfindung eine nicht haltbare Beschlussvorlage resultierte, die folglich dann nachträglich wieder zurückgenommen werden musste, wurde die darauffolgende „MPK" alleine schon deshalb glorifiziert, weil man bereits im Vorfeld ganz bewusst auf eine Zielsetzung verzichtet hat. Im geschäftlichen Alltag wäre so etwas nichts anderes als ein Offenbarungseid und daher undenkbar.

Deshalb gilt es als oberste Prämisse für alle Beteiligten, sich im Vorfeld sehr konkret zu überlegen, zu welchem Zweck eine Task-Force gegründet, welches Ziel in welchem Zeitfenster zu erreichen ist und aus welchen Akteuren sich die Task-Force zusammensetzen soll.

Insbesondere die richtige Zusammensetzung stellt dabei einen signifikanten Erfolgsfaktor dar. Zur Veranschaulichung greife ich gerne nochmals die „MPK" auf. Hier wurde ein Gremium beziehungsweise eine Task-Force ins Leben gerufen, an der alle Ministerpräsidenten der einzelnen Bundesländer, die Bundeskanzlerin sowie ausgewählte Ministerien beteiligt sind. Die Tatsache, dass dieses Gremium keinerlei parlamentarische Grundlage hat, hat mit der Thematik an dieser Stelle nichts zu tun und stellt für mich daher nicht die Kernproblematik dar.

Nach meiner persönlichen Einschätzung kommt es bei der Zusammensetzung einer Task-Force ganz entscheidend darauf an, eine möglichst heterogene Einheit zu nominieren, damit möglichst sämtliche Betrachtungswinkel mit einbezogen werden. Genau das war eben bei der MPK nicht der Fall: abgesehen von einzelnen, ausgewählten Ministerien hatten alle übrigen Teilnehmer, also die Ministerpräsidenten selbst mehr oder minder den gleichen Fokus. Insofern bezieht sich der Begriff Heterogenität in diesem Kontext zum Beispiel auf Hierarchieebenen, Erfahrungswerte, Aufgabenschwerpunkte und Funktionen. Analog dazu passt auch der Begriff „agile Teams".

Plant ein Unternehmen beispielsweise die Einführung und Umsetzung einer neuen Customer-Relationship-Management-Plattform – kurz CRM - dann halte ich es eben nicht für zielführend, wenn die Taskforce ausschließlich aus Vertretern des mittleren und oberen Managements besteht – die es zwar in der Regel zu entscheiden haben, selbst aber eher nicht zum Anwenderkreis zählen.

Stattdessen sollte das Management ein bis drei Stellvertreter nominieren, die zusammen mit operativen Mitarbeitern und potenziellen Anwendern, gemeinsam mit IT-Spezialisten hinsichtlich technischer Realisierbarkeit sowie zum Beispiel noch mit ausgewählten Marketing-Fachkräften die entsprechende Task-Force bilden.

Ebenfalls habe ich sehr positive Erfahrungen damit gemacht, dass ich den Kreis der operativen Mitarbeiter nicht ausschließlich mit langjährigen und erfahrenen Mitarbeitern besetzt habe, sondern ganz bewusst auch mit tendenziell unerfahrenen Kollegen. Dadurch konnte ich einen neutralen und unvoreingenommenen Blickwinkel erhalten und somit einer möglichen „Betriebsblindheit" vorbeugen.

7.8 Vision

Angelehnt an diverse, wissenschaftliche Definitionen geht es beim Thema Vision um eine positiv-formulierte und motivierende Idee der Zukunftsgestaltung eines Unternehmens oder einer Funktionseinheit. Auf den ersten Blick erscheint eine Vision daher als wenig greifbar und konkret, dennoch sollte die Bedeutung keineswegs unterschätzt werden.

Wie im Kontext auf den Umgang mit neuen Generationen von Mitarbeitern mehrfach erläutert wurde, stellen langfristige Leitlinien und ideelle Werte eine immer wichtigere Bedeutung bei der Auswahl eines Arbeitgebers dar. So geht es für diese Zielgruppe neben persönlichen Zielen wie etwa Karriereentwicklungsplänen genauso auch darum, welcher langfristige, gesellschaftliche oder soziokulturelle Beitrag vom Unternehmen respektive vom einzelnen Mitarbeiter geleistet wird oder gleistet werden kann.

All diese Aspekte eignen sich prinzipiell hervorragend, um damit das Gerüst einer Unternehmensvision zu bilden. Auf diese Weise stellt eine Vision sowohl für das betroffene Unternehmen selbst als auch seine Mitarbeiter einen substanziellen Leitanker dar, der neben den operativen Zielen ganz wesentliche Orientierungspunkte darstellt und somit die persönliche Identifikation stärkt.

Allerdings ist es nicht ausreichend eine Vision zu haben – entscheidend ist, dass diese auch präsent ist. In der Tat gibt es in den allermeisten Unternehmen eine teilweise, durchaus aufwendig erarbeitete Vision, die bedauerlicherweise den meisten Mitarbeitern jedoch entweder nicht geläufig oder sogar gänzlich unbekannt ist. Das liegt meistens daran, dass die Vision, nachdem sie erarbeitet und initial ausgerollt wurde in der sprichwörtlichen „Schublade" verschwindet.

Da eine Vision, wie mehrfach beschrieben aber auch ein wichtiges Personalgewinnungs- und bindungsinstrument darstellt, muss eine Vision dynamisch gelebt und entwickelt werden.

Unabhängig davon, ob es sich um eine übergeordnete Unternehmensvision, eine Bereichs-, Abteilungs- oder Teamvision handelt. Zum einen sollte unbedingt sichergestellt sein, dass sämtliche neue Kollegen darüber informiert und idealerweise auch darauf eingeschworen werden. Zum anderen sollte die Fortschrittsentwicklung einer Vision regelmäßig dokumentiert und nach Möglichkeit auch kommuniziert werden. Da es sich dabei um ein langfristig angelegtes, strategisches Vorhaben handelt, bieten sich Gelegenheiten wie zum Beispiel eine Jahresauftakt- oder endveranstaltung an, um den Mitarbeitern ein Statusupdate zur Vision zu geben. Denkbar wäre zum Beispiel den bisherigen Verlauf aufzuzeigen, vom damaligen Startpunkt bis zum aktuellen Status Quo, welche Meilensteine bereits erreicht wurden, wo man aktuell gerade steht und welche Herausforderungen auf dem weiteren Weg noch zu bewältigen sind.

Wer also als Unternehmen oder einzelne Funktionseinheit bereits eine konkrete Vision hat, macht folglich schon sehr vieles richtig und hat damit einen ganz wichtigen Grundstein gelegt, damit sich Mitarbeiter ernsthaft und dauerhaft mit dem jeweiligen Arbeitgeber identifizieren können. Wem es darüber hinaus noch gelingt, die Vision dynamisch in die Organisationskultur zu integrieren, diese transparent zu leben und die Mitarbeiter am Entwicklungsfortschritt aktiv zu beteiligen, der ist bestens aufgestellt für zukünftige Anforderungen im Personalmanagement.

8. Kulturelle Personalsteuerung

Entgegen der operativen und insbesondere der technisch-methodischen Personalsteuerung liegt die besondere Herausforderung bei der kulturellen Personalsteuerung in der erschwerten Messbarkeit. Kulturelle Aspekte lassen sich allgemeinhin datentechnisch nicht erfassen, sondern lediglich über Begleitumstände näherungsweise einordnen. Gleichzeitig sind es erfahrungsgemäß jedoch gerade kulturelle Faktoren, die letztlich über Erfolg und Misserfolg einer Funktionseinheit bestimmen und damit auch die Führungsarbeit qualifizieren beziehungsweise disqualifizieren. Insofern sollten Führungskräfte hierauf ebenfalls einen Hauptfokus legen.

8.1 Beteiligung

Die Beteiligung beziehungsweise die aktive Einbeziehung von operativen Mitarbeitern in unternehmerische Abläufe stellt ein ganz spezielles Potentialfeld dar, welches in vielen Fällen überhaupt nicht, inkonsequent oder nicht zielführend genutzt wird.

Dies ist umso unverständlicher, wenn man sich vor Augen führt, dass Beteiligung ein klassisches Win-Win-Feld oder sogar eine Triple-Win-Situation darstellt.

Veränderungen in Unternehmen sind gleichermaßen häufig wie unbeliebt bei der Belegschaft (siehe dazu auch Kapitel 7.1 Change-Management). Egal ob es um die Einführung einer neuen Software geht, die Implementierung eines neuen Formats oder die Anwendung neuer Methoden: die Skeptiker sind gegenüber den Befürwortern meistens klar in der Überzahl. Das ist insofern wenig überraschend, als dass der Mensch nun mal ein Gewohnheitstier ist und sich am liebsten in seinem gewohnten Umfeld bewegt. Daher ist es erfahrungsgemäß auch durchaus herausfordernd und zeitintensiv, die Skeptiker zu überzeugen – insbesondere dann, wenn der Versuch durch die Führungsebene erfolgt.

Besser, einfacher und letztlich auch effektiver ist es hingegen, operative Mitarbeiter frühzeitig in Veränderungsprozesse mit einzubeziehen. Frühzeitig impliziert in diesem

Kontext bereits die Analyse- und Setupphase. Lassen Sie uns das plakativ an einem konkreten Beispiel erläutern: das Management ist mit den Umsätzen nicht zufrieden und erwägt die Einführung neuer Vertriebsansätze zur Optimierung der Absatzzahlen. Natürlich stellt es eine Möglichkeit dar, ein Konzept auszuarbeiten – gegebenenfalls unter Einbeziehung externer Berater – und dieses kaskadenartig auszurollen. Die Umsetzung erfolgt in diesem Fall per Anweisung, Akzeptanz und letztlich damit verbunden die Effektivität bleiben dadurch jedoch häufig auf der Strecke. Als Führungskraft werden Sie sehr schnell die Erfahrung machen, dass sich Akzeptanz positiv auf Ergebnisse auswirkt, der Umkehrschluss ist natürlich ebenfalls gültig.

Die Einbeziehung der operativen Mitarbeiter in Veränderungsprozesse zieht mehrere, positive Effekte nach sich. Zum einen profitieren Sie vom Perspektiv-Wechsel. Der operative Mitarbeiter, der letztlich täglich in der Umsetzung von der Veränderung betroffen sein wird, erkennt womöglich Problemstellungen und Fallstricke einerseits und Potentialfelder auf der anderen Seite. Bieten Sie also einem operativen Mitarbeiter die Möglichkeit an, als Teil eines Projektmanagement-Teams oder einer Task-Force eigene Ideen, Anregungen und Vorschläge zur Umsetzung einzubringen, kommt es wie eingangs erwähnt zur Triple-Win-Situation: a) stärken Sie Ihren Mitarbeiter indem Sie ihm Wertschätzung entgegenbringen und aktives Interesse an seiner Meinung bekunden, b) erzeugen Sie positive Nachahmeffekte für andere Mitarbeiter indem Sie die aktive Beteiligung am Projektmanagement quasi als Incentive deklarieren und c) erhöhen Sie die Akzeptanz für die Umsetzung, da das komplette Setup sozusagen von der „Basis" mitgestaltet wurde.

Insofern lässt sich damit der Beweis führen, dass aktive Mitarbeiterbeteiligung ein wunderbares Führungsinstrument ist, von dem letztlich alle Parteien gleichermaßen profitieren.

8.2 Incentivierung

Ein weiteres, zweifellos sehr wertvolles Führungsinstrument stellt die Incentivierung dar, welche jedoch bei falscher Anwendung genau den gegenteiligen Effekt erzielt.

Wer über Incentivierungen spricht, assoziiert das sehr schnell mit klassischen Anreizmodellen wie etwa Bonussysteme oder Dienstwagenregelungen.

Insbesondere in Vertriebsorganisationen sind die beiden genannten Modelle nach wie vor sehr stark verberbreitet, werden jedoch insbesondere von den nachfolgenden, neuen Generationen an Mitarbeitern nicht mehr im gleichen Maße geschätzt wie etwa durch die Generationen zuvor.

Anreize werden heutzutage zunehmend und sogar verstärkt über inhaltliche Komponenten gesetzt. Dabei geht es zum Beispiel um die Teilnahme und aktive Mitwirkung an einem spannenden Projekt. Ebenfalls stark im Kommen sind Anreizmodelle in Form von Mitbestimmung, das heißt, gute Leistungen werden immer häufiger auch durch Einbeziehung von Mitarbeitern in Managemententscheidung (siehe dazu auch Kapitel 8.1 Beteiligung) honoriert.

Darüber hinaus sind nach wie vor flexible Arbeitszeit- und Freizeitregelungen ein sehr beliebtes Mittel, um Mitarbeiter für hervorragende Ergebnisse zu belohnen und damit deren Work-Life-Balance proaktiv zu optimieren.

Entscheidende Bedeutung bei der Nutzung von Incentivierung trägt dabei das richtige Setup. So muss zwingend sichergestellt sein, dass Kriterien für die Gewährung von Anreizen eindeutig definiert sind und der Prozess für alle Beteiligten transparent und fair ist.

Als ich erstmals in meiner Laufbahn die Verantwortung für eine bereits bestehende Abteilung übernommen habe, musste ich damals sehr schnell feststellen, das einheitliche Anreizregeln offenbar nie definiert geschweige denn kommuniziert wurden. Somit konnte niemand nachvollziehen, warum bestimmte Kollegen Incentives erhalten haben, während andere kein einziges Mal in den Genuss kamen. Dies wurde zusätzlich erschwert durch den Umstand, dass die Außendienstmitarbeiter für gute Ergebnisse belohnt wurden, während der überwiegende Wertschöpfungsanteil für die Endergebnisse durch die jeweils zugeordneten Kollegen vom Innendienst geliefert wurde. Durch die mangelhafte Kommunikation, die nicht vorhandene Transparenz sowie durch eine objektiv betrachtete, ungerechte Verteilung, herrschte in dieser Abteilung – nachvollziehbarerweise – eine sehr unproduktive Arbeitsatmosphäre.

Die betroffenen Mitarbeiter haben einen Großteil ihrer Arbeitszeit und ihrer Energie dafür aufgebracht, gemeinsam mit ihren „Leidensgenossen" über die Ungerechtigkeit zu diskutieren, während die sogenannten Profiteure eine noch geringere Veranlassung für sich sahen, die eigenen Aktivitäten wieder zu forcieren.

Um an dieser Stelle nun wieder den Bogen zu schlagen zum richtigen Setup, rate ich auch in diesem Fall dazu, die individuellen Prioritäten der Mitarbeiter für einen Incentivierungsprozess zu berücksichtigen. Inwieweit so etwas dann wirklich basisdemokratisch zu lösen ist indem alle Meinungsbilder einzeln abgefragt und einbezogen werden, hängt immer von der Gesamtkonstellation ab. Das bedeutet, wie groß ist die Einheit, wie hoch ist der Reifegrad der einzelnen Kollegen und wie stark unterscheiden sich die jeweiligen Erfahrungswerte. Je nach dem kann es im Einzelfall dann definitiv zielführender sein, wenn das Setup zusammen mit einer ausgewählten Person beziehungsweise mit einem vorab bestimmten Projektteam erarbeitet wird, das sozusagen als „Sprachrohr" für die gesamte Einheit fungiert. Für Themen, die im Prinzip ausschließlich den Mitarbeitern selbst zugutekommen, sollte die Auswahl des „Sprachrohrs" möglichst immer auf Personen fallen, die innerhalb der betreffenden Einheit entsprechend hohes Ansehen und Vertrauen genießen – vergleichbar eines Klassensprechers oder eines Mannschaftskapitäns.

Sobald die Protagonisten feststehen, die für die Erarbeitung eines Incentivemodells verantwortlich sind, geht es darum die Kriterien festzulegen, bei welchen Leistungen oder Ergebnissen welches Incentive gewährt wird. Dies kann logischerweise nur auf Anreize angewandt werden, die nicht arbeitsvertraglich geregelt sind wie zum Beispiel Bonusvergütungen.

Wichtig ist in jedem Fall, dass die jeweiligen Entscheider möglichst frühzeitig mit eingebunden werden – entweder sind sie selbst Teil des Gremiums oder werden durch dieses über Zwischenergebnisse regelmäßig informiert. Andernfalls besteht die Gefahr, dass sehr viel Zeit und Energie in die Ausarbeitung eines Konzepts investiert wird, welches hinterher abgelehnt wird und daher nicht zum Tragen kommt.

Wenn also nun Klarheit und Konsens darüber besteht, welche Schritte zu erreichen sind und wie diese anschließend belohnt werden, sollte darüber entschieden werden, in welchem Format die jeweiligen Fortschritte dokumentiert werden, in welchem Zyklus die Aktualisierungen erfolgen und wer grundsätzlich für die Nachhaltung zuständig ist.

Der individuellen Kreativität sind dabei keine Grenzen gesetzt. Ich habe Abteilungen erlebt, die sich selbst fachrichtungsspezifische Maskottchen zugeteilt haben. Für jeden erreichten Meilenstein, erhielt die Abteilung dann ein passendes Kleidungsstück oder Accessoire für das Maskottchen und sobald diese vollständig bekleidet und ausgestattet war, hatte sich die gesamte Einheit für ein zuvor bestimmtes Incentive qualifiziert.

Bedingt durch die Umstände, dass die Ideen sowie die Umsetzung in enger Abstimmung mit der ganzen Abteilung erfolgen, die Kriterien allen bekannt und klar kommuniziert sind und somit flächendeckende Transparenz gewährleistet ist, ergibt sich daraus in aller Regel eine positive Gruppendynamik und eine Ergebniskultur. Neben einer erhöhten Mitarbeiterzufriedenheit profitieren dadurch natürlich auch die Führungskräfte wodurch erneut eine klassische Win-Win-Situation entsteht.

8.3 Kultur

„Der Fisch stink immer vom Kopf" – zwar ein altes aber nach wie vor zutreffendes Sprichwort, das als hervorragende Metapher taugt, um die Bedeutung von Führungskräften für die vorherrschende Kultur in Organisationseinheiten zu beschreiben. Dies trifft logischerweise im negativen wie im positiven Sinne zu.

Führungskräfte übernehmen gewollt oder ungewollt allein durch ihre Funktion eine Vorbildrolle gegenüber ihren Mitarbeitern. Diese Vorbildrolle ist somit maßgebend für die kulturelle Prägung von Teams oder Abteilungen.

Grundsätzlich bleibt es am Ende immer Definitionssache, was Unternehmen, Organisationseinheiten oder auch Einzelpersonen unter Kultur verstehen und zusammenfassen. Im allgemeinen Verständnis geht es dabei aber um den internen Verhaltenskodex sowie um Leitlinien des gegenseitigen Umgangs.

Eine Führungskraft steht somit immer auch vor der Herausforderung, die individuellen Bedürfnisse der Mitarbeiter mit den eigenen Erwartungen und Zielen in Einklang zu bringen. Exemplarisch ist an dieser Stelle die Leistungskultur anzuführen, die letztlich die Bereitschaft der Mitarbeiter bezeichnet, für ein gemeinsames Ziel einzustehen, sich damit auch zu identifizieren und den dafür bestmöglichen Beitrag zur Erreichung dessen zu liefern. Dies setzt wiederum voraus, dass auch die Führungskraft selbst, sämtliche kulturelle Prinzipien vorlebt – in diesem Fall auch selbst an die Leistungsgrenze geht, wenn von den Mitarbeitern das Gleiche erwartet wird.

Personalsteuerung

Kultur spiegelt sich aber auch sehr stark im Sprachgebrauch wider. Dies bezieht sich sowohl auf Sprachregelungen zwischen Mitarbeiter und Vorgesetzten als auch untereinander zwischen den Kollegen.

Aus meiner eigenen Perspektive kann ich sagen, dass ich immer versucht habe mit meinen Mitarbeitern auf Augenhöhe zu sprechen. Dies impliziert zum einen, dass es keinerlei kommunikative Unterschiede geben darf, welchen hierarchischen Rang der Mitarbeiter einnimmt, wie lange die jeweilige Betriebszugehörigkeit ist noch über welches Leistungsvermögen er verfügt. Sämtliche weitere persönliche Differenzierungsmerkmale führe ich an dieser Stelle ganz bewusst nicht an, weil diese ohnehin absolut diskussionsunwürdig und daher völlig irrelevant sind. Zum anderen ist Augenhöhe in diesem Kontext immer auch wörtlich zu interpretieren. Insofern sollten Führungskräfte im Gespräch mit ihren Mitarbeitern darauf achten, eine identische Position und Haltung einzunehmen. Sprich, wenn der Mitarbeiter gerade sitzt, sollte die Führungskraft bei Gesprächsbeginn auch eine sitzende Haltung einnehmen – und natürlich auch umgekehrt.

Kultur zeigt sich ehrfahrungsgemäß am deutlichsten in Krisensituation beziehungsweise dann, wenn Ziele und Erwartungen verfehlt werden. Wer als Führungskraft in solchen Fällen plötzlich andere kulturelle Maßstäbe anlegt oder gegebenenfalls sogar seine selbst auferlegten Leitlinien missachtet, büßt die eigene Kredibilität irreparabel ein. Dies passiert immer dann, wenn Grundregeln im persönlichen Umgang verletzt werden, indem beispielsweise die Ausdrucksweise unangemessen oder persönlich wird, beziehungsweise sogar die Stimme erhoben wird. All die aufgeführten Beispiele sind absolute Nogos und disqualifizieren eine Führungskraft substantiell.

Umgekehrt können solche Situation aber auch als exzellente Chance verstanden werden, das kulturelle Fundament in der eigenen Einheit weiter zu stärken. Um beim Beispiel einer Zielabweichung oder -verfehlung zu bleiben: erfolgen Identifikation, Analyse, Aufarbeitung und Gegensteuerung zeitnah, konsequent – vor allem aber in unveränderter Sachlichkeit, Ruhe, Souveränität und mit angemessener, persönlicher Unterstützung, werden Mitarbeiter dies auch entsprechend wertschätzen. Auf diese Weise trägt eine Führungskraft ganz unmittelbar und maßgeblich dazu bei, die Kultur in die eine wie in die andere Richtung zu beeinflussen und nachhaltig zu prägen.

Somit ist die jeweilige Team- oder Abteilungskultur immer auch ein ganz entscheidender Faktor für die interne Fluktuationsquote. Der wissenschaftliche Ansatz geht davon aus, dass ein Mindestmaß an Fluktuation durchaus förderlich ist. Die sogenannte „gesunde Fluktuation" besagt, dass Minderleister das Unternehmen verlassen und durch Leistungsträger ersetzt werden. Unabhängig aber von der tatsächlichen Quote ist fehlende Kontinuität in der Mitarbeiterstruktur hinderlich für die Leistungskultur – ergo zahlen Stabilität und niedrige Fluktuation positiv auf die jeweilige Kultur ein.

8.4 Motivation

Vermutlich gibt es in Zusammenhang mit Personalführung kaum ein Thema, über das es annähernd viele Quellen und Beiträge gibt. Jeder, der auch nur ansatzweise mit Führung in Verbindung kommt, wird sich zwangsläufig auch mit Motivation auseinandersetzen. Gleichzeitig haben sich die Anforderungen in Zeiten, in denen ein Großteil der Arbeitnehmer von zuhause aus arbeitet, nochmals gewaltig verändert. Aus diesem Grund habe ich mich bewusst entschieden hierzu lediglich meine persönliche Perspektive sowie meine Erfahrungswerte einfließen zu lassen.

Wie ich bereits mehrfach in diesem Buch erwähnt habe, ist die wichtigste Grundvoraussetzung für ergebnisorientierte

Personalsteuerung

Mitarbeiterführung das Vorhandensein einer professionellen Arbeitseinstellung. Ist diese nachweislich nicht gewährleistet und der Mitarbeiter hat keinerlei intrinsischen Antrieb an seiner persönlichen Entwicklung zu arbeiten, dann würde ich auch nicht empfehlen, darin zu investieren.

Und genau an dieser Stelle findet auch eine klare Abgrenzung statt. Motivation kann folglich nur funktionieren, wenn der Mitarbeiter selbst die Grundvoraussetzung des intrinsischen Antriebs erfüllt. Allerdings kann es durchaus vorkommen, dass sich ein Mitarbeiter temporär in einem Performance-Loch befindet und mit anhaltender Dauer immer größere Schwierigkeiten bekommt, sich selbst daraus zu befreien. In diesem Fall offenbart er dennoch eine professionelle Arbeitseinstellung, da er ja gewillt ist, etwas an seiner Situation zu verändern, lediglich in der Lösungsfindung limitiert zu sein scheint. Daher ist hier nun motivierende Führungsarbeit gefragt. Selbstverständlich wäre es total vermessen davon auszugehen, dass ein derart gravierendes Problem quasi per Knopfdruck zu lösen ist. Je nach dem wie lange der beschriebene Zustand andauert, kann es gegebenenfalls auch gar nicht gelingen – dessen sollten sich alle Beteiligten auch im Klaren sein.

Gehen wir dennoch davon aus, dass der betreffende Mitarbeiter im vorliegenden, exemplarischen Fall grundsätzlich aber gewillt ist seine Situation zu verändern, es aus eigenem Antrieb aber nicht schafft. Aus meiner Sicht wäre das ein klassisches Anwendungsbeispiel für Motivation. Wie ich eingangs bereits erwähnt habe, variieren die methodischen Herangehensweisen doch teilweise sehr gravierend und jeder sollte für sich selbst entscheiden, womit er sich am besten identifizieren kann. Ich persönlich konnte mich zum Beispiel nie anfreunden mit Maßnahmen, bei denen Teilnehmer über Scherben oder glühende Kohlen laufen mussten. Mir hat sich bis heute nicht erschlossen, wie sich dadurch eine möglicherweise vorhandene mentale Blockade lösen und gleichzeitig bessere Ergebnisse erzielen lassen.

Meine Erfahrung zielt eher darauf ab, dass Motivation sehr stark auf Vertrauen basiert, was wiederum voraussetzt, dass Führungskräfte auch ein ernsthaftes Interesse haben, den Mitarbeiter zu unterstützen. Diese Form der Unterstützung ist selbstredend sehr zeitintensiv – was übrigens gleichbedeutend ist mit „ernsthaftem Interesse". Nur wer eine stabile Vertrauensebene zu seinen Mitarbeitern etabliert hat, dem werden sich Mitarbeiter auch öffnen und auf diese Weise die Chance ermöglichen, die Ursachen gemeinsam zu ergründen. Gleichzeitig kommt es in Zusammenhang mit Motivation nahezu immer darauf an, dem Mitarbeiter angemessene Wertschätzung und Dankbarkeit für seinen Einsatz entgegenzubringen. Vorzugsweise gelingt es Führungskräften diese Form der Wertschätzung kontinuierlich zum Ausdruck zu bringen und eben nicht nur in Krisensituationen, da sie sonst möglicherweise unglaubwürdig ist.

Die Grenze zum therapeutischen Gespräch ist hier tatsächlich fließend. Insofern empfehle ich jeder Führungskraft sich zumindest Grundkenntnisse in der Mitarbeiterpsychologie anzueignen.

Ich persönlich habe sehr positive Erfahrungen damit gemacht, Mitarbeiter über positive Erlebnisse zu motivieren, die sich im besten Fall auch noch plakativ darstellen lassen. Daher lautet meine Empfehlung: halten Sie möglichst viele positive Momente ihrer Mitarbeiter fest. Das können zum Beispiel durchaus auch Dokumentationen von erfolgreichen Vertragsabschlüssen sein (siehe dazu auch Kapitel 5.3 – Dokumentation), wahlweise auch per Foto oder Video (selbstverständlich nach erfolgter Zustimmung durch die Mitarbeiter), das in diesem Fall einen strahlenden Mitarbeiter zeigt, der sich gerade über seinen persönlichen Erfolg freut. Dieses positive Momentum lässt sich dann hervorragend mit der aktuell schwierigen Situation verknüpfen indem aufgezeigt wird, dass der Mitarbeiter keinerlei Grund hat, an seinen Fähigkeiten zu zweifeln, da diese offensichtlich ja vorhanden sind. Diese Vorgehensweise stammt ursprünglich aus der Sportpsychologie und zielt gleichermaßen darauf ab, mit Positivassoziationen Motivationsschübe zu erzeugen.

Motivation kann aber auch verhältnismäßig einfach funktionieren, indem Sie ihre Mitarbeiter von sich selbst überraschen, das heißt mit unerwarteten Aktionen oder Handlungen gezielt Schlüsselreize zu setzen. Überraschungen können in solchen Fällen zum Beispiel einfach ein selbstgemachter Kuchen sein, weil möglicherweise niemand davon ausgeht, dass sie selbst backen können beziehungsweise sich damit in Ihrer Freizeit in den Dienst Ihrer Mitarbeiter stellen.

Positive Überraschungen funktionieren auch erstaunlich gut über Aufmerksamkeiten. Nutzen Sie ihre Mitarbeitergespräche nicht ausschließlich für die Sachebene und tauschen Fakten aus, sondern verlagern Sie das Gespräch entweder am Anfang oder am Ende durchaus auch auf die persönliche Ebene. Wenn Sie dann herausgefunden haben, dass ihr Mitarbeiter in seiner Freizeit leidenschaftlich gerne Downhill-Touren mit dem Mountainbike unternimmt, dann fragen Sie bei der nächsten Gelegenheit nach seiner letzten Tour.

Wer gerne privates und berufliches trennt – was übrigens durchaus legitim ist – kann statt einer privaten Grillfeier für die eigenen Mitarbeiter natürlich auch zum gemeinsamen Business-Lunch einladen. Natürlich ist dieser Ansatz keineswegs revolutionär – in der Praxis erlebe ich das dennoch viel zu selten, warum er nach wie vor eine sehr belebende Wirkung entfacht.

In Summe die besten Erfahrungen habe ich aber damit gemacht, indem ich für ausgewählte Organisationseinheiten immer auch ein separates, unabhängiges Ziel ausgegeben habe und für dessen Erreichung ein spezielles und wechselndes Gruppenincentive wie zum Beispiel Go-Kart-Fahren, Hochseilgarten oder Soccer-Golf ausgelobt habe. Um ein möglichst verbindliches Gemeinschaftsgefühl zu erzeugen und somit alle Team- oder Abteilungsmitglieder auf das gemeinsame Ziel zu committen, habe ich wiederum auf die Taktik des Visualisierens gesetzt. Wenn es zum Beispiel darum ging den aktuell laufenden Monat zum Rekordmonat auszurufen, in dem der bisherige Höchstwert an Abschlüssen erzielt werden soll, wurde jeder einzelne Abschluss auf unterschiedliche Weise visualisiert. Beispielhaft gab es hierfür ein einfaches, transparentes Kunststoffrohr, welches in jedem handelsüblichen Baumarkt für wenige Euros erhältlich ist. Dieses Kunststoffrohr wurde dann an einem prominenten Ort im Büro, der für alle einsehbar war, platziert und für jeden Abschluss mit einem Tennisball belohnt wurde. Das Gemeinschaftsziel war dann erfüllt, wenn das Rohr komplett bis oben hin mit Tennisbällen befüllt war. Auf diese Weise hatte sich das Motivationslevel jeden Einzelnen nochmals signifikant gesteigert, weil jeder möglichst viele Tennisbälle einwerfen wollte, was jedes Mal frenetisch zelebriert wurde. Ein weiterer Vorteil dieser Variante ist, dass dem Ideenreichtum keinerlei Grenzen gesetzt sind und die Mitarbeiter somit selbst bestimmen konnten, wie sie ihr Gruppenziel visualisieren möchten.

In einem anderen Fall hatte sich die Abteilung ein eigenes Maskottchen entworfen. Für jeden Vertragsabschluss durfte der jeweilige Mitarbeiter dem Maskottchen wahlweise ein Kleidungsstück oder ein Accessoire hinzufügen, bis es komplett ausstaffiert war.

Motivation hat jede Menge Facetten, die sich in der kompletten Bandbreite nutzen lassen. Entscheidend ist jedoch immer, dass Sie möglichst genau wissen, was in welcher Situation die stärkste Wirkung erzielt und wie Sie die unterschiedlichen Befindlichkeiten Ihrer Mitarbeiter bestmöglich berücksichtigen. Richtig und professionell angewendet lässt sich über Motivation nicht nur bessere Ergebnisse erzielen, sondern insgesamt auch die Arbeitsatmosphäre signifikant optimieren, wodurch logischerweise auch ein Kreislauf entsteht. Allerdings sollte dabei auch nicht übersehen werden, dass sich die Spiralwirkung bei entsprechend falscher Anwendung sehr leicht umkehren lässt.

8.5 Nogos

Wer sich mit dem Gedanken trägt eine Führungslaufbahn einzuschlagen oder unmittelbar vor der erstmaligen Übernahme einer Führungsaufgabe steht, der sollte sich unbedingt auch damit auseinandersetzen, was eine Führungskraft dringend vermeiden sollte.

Selbstredend gibt es auch hierfür keine Allgemeingültigkeit. Denn logischerweise gibt es zum Beispiel innerhalb eines Konzerns ganz andere politische Dynamiken, die wiederum völlig andere Herausforderungen an Führungskräfte stellen im Vergleich zu einem sehr kleinen, inhabergeführten Unternehmen beziehungsweise zu Start-Ups.

Ebenso ist das Verhältnis und eine möglicherweise vorhandene gemeinsame Historie zwischen Führungskraft und Mitarbeiter ausschlaggebend dafür, dass die Grenzen gegebenenfalls etwas weiter gefasst werden können. Ich beziehe mich daher an dieser Stelle auf meine persönlichen Erfahrungen aus einem internationalen Konzern, der mit zahlreichen Hierarchieebenen vergleichsweise konservativ organisiert ist.

Ich hebe explizit hervor, dass diese Darstellung keinerlei Wertung gleichkommt. Vielmehr ist der Hinweis daher wichtig, weil diese Form der Organisationsstruktur nach wie vor stark verbreitet ist. Für die angestellten Mitarbeiter, insbesondere aber auch für die verantwortlichen Linienvorgesetzten hat dies zur Folge, dass unternehmerische Entscheidungen vom Top-Management getroffen und kaskadenartig nach unten durchdekliniert werden. Das bedeutet, dass jede Führungskraft von ihrem Vorgesetzten die Entscheidungen mitgeteilt bekommt und sicherzustellen hat, dass diese frist- und adressatengerecht an die jeweilige Einheit weitergegeben werden. Durch diese Filterung entstehen automatisch gewisse Informationslücken und Interpretationsräume, die wiederum dazu führen können, dass Hintergründe und Ursachen der Entscheidung möglicherweise verzerrt beim Empfänger ankommen.

Bei einer kaskadenartigen Informationskette ist besonders darauf zu achten, dass Führungskräfte gegenüber den ihnen unterstellten Mitarbeitern keinerlei persönliche Wertung miteinfließen lassen. Dass Führungskräfte unternehmerische Entscheidungen teilweise nicht vollumfänglich nachvollziehen können oder eine andere Sichtweise vertreten, ist sowohl gängig als auch völlig legitim. Diese Sichtweise auch in aller Klarheit nach oben entsprechend zu vertreten ist ebenfalls legitim und im Grunde genommen auch deren Aufgabe. Gleichermaßen ist es aber auch ihre Verpflichtung die Unternehmensseite zu vertreten und gegenüber den eigenen Mitarbeitern unternehmerische Entscheidungen bedingungslos mitzutragen. Insofern wäre es ein eindeutiges No-Go sich mit einer möglichen Opposition aus eigenen Mitarbeitern zu solidarisieren und damit unternehmerische Entscheidungen zu torpedieren.

Ein weiteres No-Go, welches auch tatsächlich unabhängig von Unternehmensgröße und sonstigen Rahmenbedingungen greift, ist die Verletzung von Vertraulichkeit. Führungskräfte nehmen naturbedingt eine Rolle ein, in der ihnen gewollt oder zwangsläufig Informationen anvertraut werden, die aus Sicht oder auf Wunsch von Mitarbeitern streng vertraulich zu behandeln sind. Wenn eine Führungskraft diese Information an Dritte weitergibt, handelt es sich hierbei um einen krassen Vertrauensbruch, der sich nahezu immer nachteilig auf die gemeinsame Beziehungsebene auswirkt und damit ein No-Go.

Analog hierzu ist es nach meiner Einschätzung ebenfalls ein absolutes No-Go mit unbeteiligten Kollegen über einen be-

Personalsteuerung

stimmten Mitarbeiter, dessen Verhalten oder dessen Leistungen zu sprechen. Führungskräfte werden zwangsläufig auch Empfänger für Beschwerden, denen sie sich logischerweise auch zu stellen haben. Was sie jedoch tunlichst unterlassen sollten, ist eine subjektive Einschätzung spontan zu beurteilen oder zu bewerten, ohne vorab die Gegenseite angehört zu haben. Somit hat eine Führungskraft immer auch für eine objektive Entscheidungsgrundlage zu sorgen, die alle Sichtweisen entsprechend berücksichtigt. Tut sie das nicht, urteilt und handelt vorschnell, ohne die Gegenseite mit einzubeziehen, ist auch das ein klares No-Go.

Beim Thema Feiern gerade in Verbindung mit Alkohol scheiden sich erstaunlicherweise die Geister. Während die eine Fraktion die Auffassung vertritt, Berufliches und Privates streng voneinander zu trennen, ist es für die andere Fraktion das Salz in der Suppe. Ehrlicherweise haben für mich beide Seiten ihre Berechtigung. Wozu ich allerdings eine unmissverständliche Haltung einnehme, ist, zu jedem Zeitpunkt Herr seiner eigenen Sinne zu bleiben. Alles andere würde die eigene Autorität massiv beeinträchtigen und das auch zurecht.

Wer sich außerdem als Führungskraft dafür entscheidet, mit seinen Mitarbeitern zu feiern, der sollte in jedem Fall sicherstellen, am nächsten Tag pünktlich zu erscheinen und völlig unabhängig vom körperlichen Empfinden in aller Professionalität seinen Dienst zu verrichten. Wem das nicht gelingt, leistet sich ebenfalls ein massives No-Go.

Die Liste mit Nogos und Verfehlungen ließe sich an dieser Stelle beliebig erweitern. Wichtig für Führungskräfte ist es daher zu verinnerlichen, dass es nicht nur auf richtige Methoden ankommt, sondern gleichermaßen auch darauf, die eigenen Grenzen zu kennen. Werden diese nämlich überschritten, ist es erfahrungsgemäß um ein Vielfaches komplexer und mitunter unmöglich, das gegenseitige Verhältnis zwischen Führungskraft und Mitarbeiter wieder zu korrigieren oder zu stabilisieren.

8.6 Teamwork

In der Wahrnehmung von Mitarbeitern ist Teamwork einer der wesentlichen Faktoren für angenehmes und produktives Betriebsklima. Wie gut Teamwork in der Praxis funktioniert, hängt häufig mit der Eigendynamik des Teams zusammen. Gleichzeitig können und sollten Führungskräfte auch aktiv darauf Einfluss nehmen, indem sie Teamwork gezielt fördern.

In besonderer Weise gilt es beim Thema Teamwork darauf zu achten, individuelle Fähigkeiten und Präferenzen zu berücksichtigen. Das wiederum impliziert, dass Führungskräfte im Sinne der Effizienzoptimierung versuchen sollten, Arbeitsaufträge entsprechend zu verteilen und damit sicherzustellen, dass sich die einzelnen Teammitglieder gegenseitig unterstützen.

Auf diese Weise lässt sich erneut eine Win-win-Situation erzeugen, indem einerseits Mitarbeiter primär Aufgaben übernehmen, die ihnen grundsätzlich liegen und an denen sie idealerweise auch Freude haben und andererseits werden sie von ihren Kollegen bei Tätigkeiten unterstützt, die ihnen weniger leicht fallen. Somit lässt sich am Ende des Tages nicht nur der Output steigern, sondern gleichzeitig auch die Arbeitsatmosphäre verbessern.

8.7 Vorbildfunktion

Geht es nach der Einschätzung von Mitarbeitern, ist die Vorbildfunktion des jeweiligen Vorgesetzten gleichzeitig dessen wichtigste Eigenschaft als Führungskraft.

Für mich persönlich ist das nicht nur legitim und nachvollziehbar, sondern eine Selbstverständlichkeit. Nur wer bestimmte Werte auch selbst vorlebt, wird seine Mitarbeiter auch dauerhaft davon überzeugen können. Umgekehrt besteht die Gefahr einer gewissen Widerwilligkeit, das bedeutet, dass bestimmte Dinge umgesetzt werden gemäß Anweisung, ohne innere Überzeugung dafür. Das wiederum wird sich mittel- und langfristig nachteilig auf Ergebnisse auswirken.

Allerdings wird Vorbildfunktion häufig damit gleichgesetzt, dass der Vorgesetzte flächendeckend der größte Know-How-Träger zu sein hat beziehungsweise alle Aufgaben selbst am besten bewältigen kann. Dieser Theorie schließe ich mich nur bedingt an.

Gehen wir an dieser Stelle chronologisch vor: ich stelle die These auf, dass der beste operative Mitarbeiter nicht automatisch auch zur besten Führungskraft wird. Diese These dürften die allermeisten Personen durchaus bestätigen. Umgekehrt behaupte ich aber auch, um eine gute oder sehr gute Führungskraft zu sein, sollte man im gleichen fachlichen Umfeld einschlägige Erfolge nachweisen können. Hierzu gibt es deutlich kontroversere Ansichten, die sich jeweils darauf stützen, dass Personalführung eine generalistische Disziplin ist. Ich werde diesen Ansatz an dieser Stelle weder werten noch erörtern. Stattdessen schlage ich die Brücke zum Bezugspunkt, der bekanntlich „Vorbildfunktion" lautet. Daher kann ich auch aus eigener Erfahrung sprechen und darlegen, dass kaum etwas die eigene Vorbildrolle nachhaltiger untermauert als der Umstand, bestimmte Tätigkeiten, Aufgaben oder Abläufe selbst demonstrieren zu können. Gleichzeitig stärkt das auch die Akzeptanz sowie die Autorität des Vorgesetzten.

Zusätzlich zur fachlichen oder auch operativen Vorbildrolle sehe ich zwei weitere, ganz wesentliche Aspekte beim Thema Vorbildfunktion, die aus meiner Sicht sogar das Wertegerüst bilden müssen: die disziplinarische und kulturelle Vorbildfunktion.

Beim Thema Disziplin geht es für mich an dieser Stelle um Einsatz, Engagement und Durchhaltevermögen. Wer also als Vorgesetzter mehrere Themen gleichzeitig beginnt, keines davon aber stringent finalisiert, wird zwangsläufig Schwierigkeiten bekommen, von seinen Mitarbeitern Fokussierung und Ausdauer einzufordern. Wer als Chef projekt-, bedarfs- oder kundenorientiert flexible Arbeitszeiten fordert, selbst aber regelmäßig pünktlich zur gleichen Zeit den Feierabend einläutet, macht sich damit unglaubwürdig. Hier vertrete ich den Standpunkt, dass Vorgesetzte – gemäß ihrer Vorbildrolle – tendenziell sogar mehr leisten sollten oder zumindest entsprechend in Vorleistung gehen.

Aus kultureller Sicht sind es primär die persönlichen Umgangsformen, sowohl kommunikativer Art als auch verhaltensbedingt. Je nach dem welche Maßstäbe die Führungskraft dabei setzt, wird es zwangsläufig auch Auswirkungen auf die team- oder abteilungsinterne Atmosphäre haben. Dabei sind es meistens in der Tat die unscheinbaren Kleinigkeiten, die jedoch enorme positive wie negative Abstrahlungseffekte erzeugen können. So macht es zum Beispiel einen gewaltigen Unterschied, ob ich als Führungskraft einen Auftrag stehend übermittle, während der Auftragsempfänger sitzt. Alleine durch den physikalischen Positionsunterschied findet dieser Austausch nicht auf Augenhöhe statt.

Unabhängig davon spielt die gewählte Sprache – und zwar nicht nur inhaltlich – sondern insbesondere auch im Hinblick auf Tonalität eine ganz entscheidende Rolle. Abhängig davon, wie es durch die Führungskraft vorgelebt wird, findet automatisch auch dahingehend ein gewisser Angleichungsprozess innerhalb der Organisationseinheit statt – positiv wie negativ.

Insofern halte ich das Thema „Vorbildfunktion" keinesfalls nur für einen geflügelten Begriff oder gar für Symbolpolitik, sondern für uneingeschränkt erfolgskritisch, um eine echte und vor allem nachhaltige Partnerschaft zwischen Vorgesetzten und Mitarbeitern zu etablieren.

8.8 Konfliktmanagement

Zur Wahrheit einer Führungsaufgabe gehören selbstverständlich auch Dinge, die sich allgemeinhin einer deutlich geringeren Beliebtheit erfreuen – wie unter anderem eben auch Konfliktmanagement.

Die wichtigste Grundvoraussetzung beim Konfliktmanagement ist es, überhaupt zu erkennen, dass es sich um einen Konflikt handelt, da sich die Methodik der Konfliktlösung teilweise erheblich von der gewöhnlichen Problemlösung unterscheidet.

Dieser Umstand liegt primär darin begründet, dass Konflikte üblicherweise auf der persönlichen Ebene ausgetragen werden. Alleine schon deshalb sollten Konflikte möglichst konsequent von standardmäßigen Problemlösungsfeldern getrennt werden. Deshalb nochmals kurz zur Einordnung: erfüllt der Mitarbeiter zum Beispiel nicht die in ihn gesetzten Erwartungen, begeht er einen fachlichen oder formalen Fehler oder tritt der gewünschte Lernkurveneffekt nicht wie erhofft ein, sind das klassische Problemstellungen, die ihm Rahmen von regulären Mitarbeitergesprächen aufzuarbeiten sind.

Widersetzt sich jedoch ein Mitarbeiter beispielsweise bewusst und zum wiederholten Male den Anweisungen seines Vorgesetzten, trifft er im Umgang mit Kollegen und Vorgesetzten mehrfach die falsche Wortwahl, einen unpassenden Ton oder mangelt es an einer professionellen Arbeitseinstellung, dann handelt es sich hierbei um typische Konfliktfelder.

Ist die Abgrenzung bereits erfolgt und es liegt zweifellos ein Konflikt vor, kommt es im ersten Schritt auf eine möglichst umgehende Reaktion an. Der am meisten verbreitete Fehler in Zusammenhang mit Konfliktmanagement ist, dass Führungskräfte teilweise zu viel Zeit verstreichen lassen, ehe sie Konflikte versuchen aktiv zu bewältigen. Entweder, weil sie die Konfrontation scheuen oder hoffen, dass sich die Situation von selbst wieder entspannt. Wahlweise auch, weil möglicherweise andere Prioritäten gesetzt werden. Erfahrungsgemäß kann ich davon nur vehement abraten. Wer versucht, einem Konflikt aus dem Weg zu gehen, läuft akute Gefahr die eigene Autorität zu untergraben. Mitarbeiter haben in der Regel ein sehr gutes Gespür für die Schwachstellen ihrer Vorgesetzten und könnten diese ausnutzen. Gleichzeitig könnten dadurch auch Nachahmer animiert werden. Auch eine Verzögerungstaktik kann mitunter extrem gefährlich sein, weil sich der offensichtlich vorhandene Konflikt in dieser Zeit weiter zuspitzen und verhärten kann. Dies trifft logischerweise auch dann zu, wenn vermeintlich wichtigere Dinge vorgeschoben werden.

Daher rate ich dringend in solchen Fällen: suchen Sie das direkte Gespräch zur betroffenen Person, und zwar so zeitnah wie möglich.

Im Gegensatz zu den allgemein geltenden Kommunikationsregeln sollten Konfliktgespräche immer persönlich geführt werden. In absoluten Ausnahmefällen – falls es logistisch nicht anders abbildbar ist, könnten Sie auf die virtuelle Variante zurückgreifen, welche in jedem Fall dem Telefonat vorzuziehen ist. Unter keinen Umständen sollten Konflikte schriftlich über Mailverkehr thematisiert werden. Hierbei ist die Gefahr, dass entscheidende Botschaften nicht mit der nötigen Klarheit transportiert werden oder auch, dass einzelne Passagen komplett missinterpretiert werden, deutlich zu groß.

Wichtig zu beachten ist auch, dass Sie ein Konfliktgespräch nicht dazu nutzen, um mehrere Themen miteinander zu vermengen. Somit gilt als wichtige Grundregel: wählen Sie ein konkretes Thema oder einen konkreten Sachverhalt und strukturieren das Gespräch entsprechend.

Hinsichtlich der Terminierung gehen die Meinungen etwas auseinander. Selbstverständlich ist es denkbar ein Konfliktgespräch anzukündigen und für die Zukunft zu terminieren. Da dem Mitarbeiter in diesem Fall konkrete Hintergründe und Details nicht bekannt sein dürften, wird er vermutlich darüber spekulieren, was wiederum seine Aufmerksamkeit und Arbeitsenergie beeinträchtigen könnte. Daher empfehle ich auch hier: sobald der Entschluss gefasst ist, dieses Gespräch zu führen, sollten Sie Ihren Mitarbeiter möglichst kurzfristig und unvermittelt zum Gespräch bitten.

Die Eröffnung des Gesprächs sollte idealerweise dafür genutzt werden, um den Grund klar und unmissverständlich zu benennen, das heißt dem Gespräch somit eine Überschrift zu verleihen. Weiterhin sollten Sie ebenfalls in der Gesprächseröffnung ihre Zielsetzung beziehungsweise ihre Erwartungshaltung eindeutig formulieren. Dabei gilt es akkurat auf Gestik, Mimik und Ausdrucksweise zu achten. Durch gezielten und konstanten Blickkontakt sowie durch kurze, prägnante und flüssige Hauptsätze verstärken Sie Ihre Wirkung und lassen keinerlei Zweifel an Ihrer Haltung aufkommen. Schweift Ihr Blick hingegen immer wieder ab, stocken Ihre Sätze oder verwenden Sie häufig Konjunktive und Weichmacher, verwässern Sie somit ihre Botschaft und wirken unsicher. Damit setzen Sie nicht nur Ihre eigene Überzeugung aufs Spiel, sondern gefährden auch Ihre Zielsetzung.

Je nach dem wie tiefgründig und festgefahren der jeweilige Konflikt ist, empfehle ich eine unabhängige Person zum Gespräch mit hinzuzuziehen. Dies versteht sich als reine Vorsichtsmaßnahme, um im Eskalationsfall einen neutralen Zeugen zu haben.

Sowie Thema und Erwartungshaltung für alle Gesprächsteilnehmer klar sind, sollte die Herleitung der eigenen Wahrnehmung erfolgen. Analog zum Mitarbeitergespräch empfiehlt sich auch hierfür eine möglichst fundierte Vorbereitung. Diese setzt voraus, dass die eigene Wahrnehmung auch beispielhaft belegt werden kann. Idealerweise können Sie diesen Nachweis schriftlich und durch Fakten untermauern.

Grundsätzlich ist es durchaus legitim, dem betroffenen Mitarbeiter im Rahmen eines Konfliktgespräches ebenfalls die Möglichkeit einzuräumen, seine Perspektive zu erläutern.

In diesem Fall müssen Sie jedoch darauf achten, dass Sie die Gesprächskontrolle nicht verlieren, indem es zu gegenseitigen Schuldzuweisungen und Rechtfertigungen kommt. Sofern Sie Ihre Wahrnehmung und ihre Einschätzung auch exemplarisch belegen können, ist diese objektiv nicht anzuzweifeln.

Dem Mitarbeiter hingegen steht es jedoch seinerseits frei, seine eigene Verhaltensweise in Ihre gewünschte Richtung anzupassen und damit auch ihre Erwartung zu erfüllen – oder eben nicht.

Entscheidet er sich dagegen, sollten Sie sich ebenfalls bereits im Vorfeld über mögliche Konsequenzen Gedanken machen. Methodisch greift dann die gleiche Vorgehensweise wie in Kapitel 6.7 – Konsequenzen dargestellt.

Teil 3

Personalentwicklung

Die moderne Personalführung geht davon aus, dass zwischen Vorgesetzten und Mitarbeitern ein gegenseitiges Abhängigkeitsverhältnis besteht – jede Partei ist auf die jeweils andere gleichermaßen angewiesen. Das wiederum führt dazu, dass eine ergebnisorientierte Personalsteuerung den originären Führungsauftrag lediglich im Ansatz erfüllt. Nur wer als Führungskraft in der Lage ist, seine Mitarbeiter kontinuierlich weiterzuentwickeln und damit auch deren Ansprüchen gerecht zu werden, kann echte Partnerschaften etablieren. Diese Partnerschaften bilden das Gerüst für nachhaltigen Erfolg und sind daher für Führungskräfte unverzichtbar.

9. Feedback

Wenn Sie das erste Mal ein Führungsseminar besuchen, werden Sie unter Garantie an einem Thema nicht vorbeikommen: Feedback! Aus meiner persönlichen Perspektive kann ich es nur absolut untermauern, dass Feedback ohne jeglichen Zweifel ein ganz zentrales Führungsinstrument darstellt.

9.1 Feedback aus der „Ich"-Perspektive

Entsprechend eindeutig ist daher auch die Wahrnehmung, dass es auch hierzu unzählige, wissenschaftliche Ansätze gibt. Die sogenannten „Feedback-Regeln" lassen sich zwar überall nachlesen, doch gehen die jeweiligen Quellen inhaltlich und umfangbezogen teilweise doch sehr stark auseinander.

Auf die Gefahr hin mich zu wiederholen, muss ich erneut darauf hinweisen, dass es auch beim Thema Feedback nicht DEN EINEN Ansatz gibt. Ich werde deshalb im folgenden Abschnitt versuchen eine Querschnittsbetrachtung abzuleiten, die eine möglichst große Schnittmenge aller Varianten enthält und die schwerpunktmäßig auf eigenen Erfahrungen beruht.

Die Feedback-Regel, die am häufigsten in der einschlägigen Literatur auftaucht, lautet: „Ich-Botschaften senden". Hier stimme ich uneingeschränkt zu. Die Bedeutung von Ich-Botschaften bezieht sich darauf, dass der Gegenstand des Feedbacks ausnahmslos aus der eigenen Perspektive beziehungsweise aus der eigenen Wahrnehmung geschildet werden sollte. Ausformuliert lässt sich das mit „mir ist aufgefallen, dass..." oder „ich habe festgestellt, dass..." wiedergeben. Die Wichtigkeit von Ich-Botschaften lässt sich am eindeutigsten am Gegenteil belegen, das heißt, was kann passieren, wenn ich das Feedback NICHT aus meiner persönlichen Perspektive erläutere. Bedauerlicherweise ist auch diese Variante nach wie vor stark verbreitet und geschieht häufig entweder unterbewusst oder weil der Feedbackgeber eine mögliche Konfrontation scheut und sich daher hinter der Wahrnehmung Dritter versteckt. Im Worst Case werden die eigentlichen Beobachter noch nicht einmal namentlich genannt, sondern mit „mir haben mehrere Personen berichtet, dass..." zitiert. Damit wird dem Instrument des Feedbacks zum einen wertvolle Wirksamkeit entzogen, weil die jeweilige Wahrnehmung auf Rückfrage gar nicht weiter präzisiert werden kann und es im Zweifel auch gar nicht anerkannt wird, wenn der jeweilige Beobachter anonym bleibt. Zum anderen kann auf diese Weise die Gefahr von atmosphärischen Störungen unter den Kollegen geschürt werden, weil es aus Sicht des Feedbackempfängers offenbar einen „Verräter" gibt, der die eigene Wahrnehmung nicht selbst und direkt spiegelt, sondern über den Vorgesetzten.

9.2 Anlassbezogenes Feedback

Damit einhergehend halte ich es für ebenso essenziell, dass Feedback immer zeitnah erfolgen sollte, weil nur dann sichergestellt ist, dass der Feedbackempfänger auch einen Bezug zur Wahrnehmung des Feedbackgebers herstellen kann. In diesem Fall ist die Rede dann von anlassbezogenem Feedback.

Um die Wirkung der Nachvollziehbarkeit zusätzlich zu verstärken, sollten Wahrnehmungen und Beobachtungen immer exemplarisch belegbar sein, das heißt, es sollten ein oder mehrere konkrete Beispiele benannt werden können. Wurden diese darüber hinaus sogar dokumentiert (siehe dazu auch Kapitel 5.3 – Dokumentation), dann ist die Chance auf Annahme des Feedbacks am größten.

Wie ich bereits erläutert habe, sollten Feedbackgeber immer darauf achten, dass Feedback regelmäßig stattfindet. Somit kann sichergestellt werden, dass auch zwingend positive Auffälligkeiten gespiegelt werden. In der Praxis wird dies tatsächlich häufig missachtet und anstelle des angedachten und möglicherweise angekündigten Feedbackgesprächs kurzerhand ein Kritikgespräch geführt. Dies ist allein deshalb unbedingt zu vermeiden, weil dadurch die Gefahr einer negativen Konditionierung besteht. Das bedeutet, dass immer, wenn ein Feedbackgespräch bevorsteht, der Mitarbeiter automatisch davon ausgeht, irgendetwas falsch gemacht zu haben. Des Weiteren verpassen Sie gegebenenfalls die

Chance, dass positive Aspekte des Mitarbeiters irgendwann wieder verschwinden, weil er sich deren Wirkung möglicherweise gar nicht bewusst war.

9.3 Verhaltensmuster beim Feedback

Abschließend möchte ich an dieser Stelle noch auf einige Verhaltensmuster hinweisen, die jede Führungskraft berücksichtigen sollte, wenn es zu einem Feedbackgespräch kommt.

Um dem Mitarbeiter gegenüber klar zu signalisieren, dass es mir ein wichtiges Anliegen ist, ihm meine Wahrnehmung zu spiegeln und ich keinerlei Zweifel an dieser Einschätzung habe, ist eine aufrechte und offene Körperhaltung sowie dauerhafter Blickkontakt zum Feedbackempfänger absolut alternativlos. Andernfalls offenbart der Feedbackgeber Unsicherheiten in seiner Wahrnehmung, wodurch die Wirkung des Feedbacks abgeschwächt werden könnte. In diesem Kontext sollte gleichzeitig auf eine möglichst flüssige Darstellung ohne Füllwörter und vor allem ohne Weichmacher und Konjunktive geachtet werden.

9.4 Beschreiben statt bewerten

Der Vollständigkeit halber gehe ich noch auf die Regel „beschreiben statt bewerten" ein. Die Wissenschaft spricht in aller Regel davon, dass die eigene Wahrnehmung möglichst beschrieben werden sollte, und zwar wertfrei. Aus psychologischer und letztlich damit auch aus pädagogischer Sicht ist dieser Ansatz definitiv sinnvoll und daher auch legitimiert. Insofern möchte ich diese Regel anhand des Anwendungsbereiches differenzieren. Bleiben wir aus plakativen Gesichtspunkten in einem stark Ergebnis lastigem Umfeld, kommt die Führungskraft allerdings nicht umhin, im Rahmen eines

Feedback-Gesprächs bestimmte Parameter auch zu bewerten – je nach dem sowohl positiv als auch bei Bedarf negativ.

10. Fordern und fördern

„Fordern und fördern" sind Attribute, die nahezu immer genannt werden, wenn es um die Beschreibung eines Idealbildes für professionelle Führungsarbeit geht. Dabei werden diese beiden Begriffe mittlerweile derart inflationär gebraucht, dass die ursprüngliche, dahinterliegende Bedeutung häufig sogar in den Hintergrund rückt. Jeder hat vermutlich sehr präzise Vorstellungen davon, was sowohl unter „fördern" als auch „fordern" zu verstehen ist und damit selbstredend auch, worin der Unterschied liegt. Allerdings ist die Wahrnehmung dessen immer subjektiv und daher unterscheiden sich die Bedeutungen teilweise erheblich. Somit habe ich für mich eine ganz entscheidende Erkenntnis daraus ableiten können: wenn Sie sich mit dem Thema „fördern" und „fordern" auseinandersetzen, dann sollten Sie den betreffenden Mitarbeiter ausnahmslos und zwingend mit einbeziehen. Aus meiner Sicht ist es wert- und wirkungslos sich hierzu pauschale Ansätze und Konzepte zu überlegen. Solange der Mitarbeiter nicht das Gefühl hat, auf der einen Seite gefordert zu sein und auf der anderen Seite gefördert zu werden, hilft auch der Verweis auf andere Mitarbeiter nicht, bei denen der gleiche Ansatz möglicherweise funktioniert.

10.1 Fordern

Bleiben wir aus Gründen der besseren Verständlichkeit zunächst beim Thema „fordern". „Fordern" ist immer ein extrem schmaler Grat, der die richtige Balance zwischen Unter- und Überforderung voraussetzt. Da wir im Normalfall auch von

Reifegradentwicklungen und Lernkurveneffekte bei Mitarbeitern ausgehen, ist zu berücksichtigen, dass diese Balance einer dynamischen Entwicklung unterliegt. Das bedeutet letztlich nichts anderes, als dass etwas, das den Mitarbeiter heute noch überfordert durch Wiederholung und einsetzender Routine nach einer gewissen Zeit zur Unterforderung werden kann. Somit ist es auch hier eine ganz wesentliche Führungsverantwortung, die Aufgaben des Mitarbeiters regelmäßig vor dem Hintergrund zu bewerten, inwieweit er damit sinnvoll gefordert ist.

Aus den eben genannten Gründen ist es nicht nur vertretbar, sondern explizit zu empfehlen, dass übertragene Aufgaben zum Zeitpunkt der Übernahme eine marginale Überforderung des Mitarbeiters auslösen. Auf diese Weise kann gewährleistet werden, dass der betreffende Mitarbeiter möglichst konstant im sogenannten Stretch-Bereich liegt und damit sowohl Fokussierung als auch Konzentration höher sind. Beides führt dauerhaft zu besseren Ergebnissen. Wie bereits erwähnt ist dabei jedoch unbedingt zu berücksichtigen, dass dies idealerweise in Einklang und im Sinne des Mitarbeiters erfolgt. Empfindet dieser nämlich auch eine latente Überforderung nicht als Anreiz, müssen andere Wege gefunden werden, um den Mitarbeiter sinnvoll auszulasten. Gehen wir jedoch davon aus, dass der betreffende Mitarbeiter auch an einer persönlichen Weiterentwicklung interessiert ist, dann sollte daraus eine Win-Win-Situation entstehen. Inwieweit es sich bei der Auswahl der jeweiligen Aufgabenzuteilung um qualitative, quantitative oder verantwortungsrelevante Aspekte handelt, sollte in Abhängigkeit der Gesamtsituation festgelegt werden. Da es beim Thema „fordern" in erster Linie darum gehen sollte, den Mitarbeiter kontinuierlich weiterzuentwickeln, halte ich es aus meiner persönlichen Perspektive für sehr ratsam, ein ausgewogenes Verhältnis zwischen allen drei Aspekten auszuwählen. Konkret auf die Praxis übertragen kann das zum Beispiel bedeuten, dem Mitarbeiter eine anspruchsvollere Aufgabe zu übertragen im Vergleich zu seinem bisherigen Tätigkeitsumfeld. Gleichzeitig kann es aber auch zur Folge haben, dass der Mitarbeiter aufgrund seiner Qualifikation und individuellen Befähigung in der gleichen Arbeitszeit mehr Output generieren kann (siehe dazu auch Kapitel 5.5 – Effektivität vs. Effizienz). Vorausgesetzt dieser erhöhte Output wird auch entsprechend incentiviert, dann wäre es durchaus denkbar, den Mitarbeiter anhand sportlicheren Vorgaben entsprechend zu fordern. Der dritte Aspekt bezieht sich auf das Gebiet Verantwortung. Bezogen auf den Begriff „Fordern" stellt es somit eine zusätzliche Option dar, indem dem betreffenden Mitarbeiter beispielsweise die alleinige Entscheidungskompetenz für ein bestimmtes Thema eingeräumt wird. Alternativ dazu auch, indem er zum Beispiel projektbezogen die fachliche Weisungsbefugnis gegenüber dem Projektteam ausübt.

Unter der Prämisse, dass der beschriebene Prozess – wie mehrfach erläutert – im Sinne und Interesse des Mitarbeiters entsprechend gelebt wird, wird er zu einem extrem wertvollen Führungsinstrument. Außerdem trägt er dazu bei, dass sich Ihre Mitarbeiter kontinuierlich weiterentwickeln und im besten Fall auch den ideellen Stellenwert ihrer Arbeit deutlich besser erkennen.

10.2 Fördern

Nach eigener Erfahrung funktioniert beides jedoch nur dann, wenn Sie gleichzeitig ein starkes Gegengewicht dazu etablieren: fördern.

Die wichtigste Grundvoraussetzung, damit „fördern" auch durch den Mitarbeiter wahrgenommen wird, ist Verbindlichkeit und Verlässlichkeit der Führungskraft. Wenn Sie beispielsweise für gute Leistungen bestimmte Anreize ausloben, müssen Sie diese auch gewährleisten, wenn die Vorgaben erfüllt sind. Dabei ist es zunächst erstmal völlig unerheblich, ob es sich bei den Anreizen um monetäre Aspekte wie etwa Gehaltserhöhungen oder Boni handelt, um karrieretechnischen Anreize wie zum Beispiel die Aussicht auf eine neue Stelle beziehungsweise eine Beförderung oder um persönliche Anreize wie etwa mehr Freizeit oder andere Privilegien wie zum Beispiel ein Einzelbüro, Parkplatz oder eine gewünschte Fortbildung.

Damit Sie als Führungskraft auch als verbindlich und verlässlich von Ihren Mitarbeitern wahrgenommen werden, sollten Sie in derart gelagerten Fällen Möglichkeiten und Grenzen von Zugeständnissen ausloten beziehungsweise kennen.

Analog zum Thema „Fordern" gilt auch hier, dass die aktive Einbeziehung des Mitarbeiters möglichst frühzeitig erfolgen sollte, da die individuellen Interessen der einzelnen Kollegen häufig sehr unterschiedlich sind. Wenn Sie also über Ihren Mitarbeiter konkret wissen, dass er sich eine bestimmte Fortbildung wünscht, dann sollten Sie auch in der Lage sein, ihn dahingehend zu unterstützen.

Ein anderer, ebenfalls ganz wesentlicher Aspekt beim Thema „fördern" ist die sogenannte politische Schützenhilfe. Je größer die Organisation, desto komplexer häufig das politische Geflecht im Unternehmen. Um den Sachverhalt plakativ zu veranschaulichen, orientieren wir uns an dieser Stelle an einem Mitarbeiter, der bei der Umsetzung seines Projekts an politische Grenzen stößt, indem zum Beispiel ein von ihm entwickelter Workflow durch eine andere Einheit beziehungsweise durch höhere Linienvorgesetzte abgelehnt wird. Mit entsprechendem diplomatischem Geschick und Durchsetzungsvermögen können Sie als Führungskraft für derart gelagerte Fälle einen sinnvollen Mehrwert für Ihren Mitarbeiter stiften und ihn auf diese Weise natürlich auch fördern.

Wenig überraschend und damit auch ein Beleg für diese These ist, dass Mitarbeiterbefragungen häufig „Führung nach oben" als den größten Nutzen ihrer eigenen Führungskraft bezeichnen. Insbesondere erfahrene Mitarbeiter nehmen für sich in Anspruch, überwiegend autark und selbständig arbeiten zu können. Die jeweilige Führungskraft benötigen Sie demzufolge hauptsächlich, um bestimmte Belange „oben" durchzusetzen beziehungsweise „von oben" so abzufedern, um eine möglichst unbehelligte Arbeitsatmosphäre zu schaffen. Wenn Ihnen das zuverlässig gelingt, dann werden Sie Ihrer Rolle als Führungskraft auch gerecht und erreichen auf diese Weise, dass sich Ihre Mitarbeiter durch Sie auch entsprechend gefördert fühlen.

11. Lernkurve

Lernkurve oder auch Lernkurveneffekte sind fest verankerte Begriffe im Bereich der Mitarbeiterentwicklung und somit schwerpunktmäßig Führungsbestandteile. Ich lege mich an dieser Stelle eindeutig darauf fest, wohlwissend dass dieses Thema keineswegs flächendeckend so gelebt wird. Häufig wird dem Lernkurveneffekt nur eine untergeordnete Bedeutung beigemessen in der Annahme oder auch in der Hoffnung, dass sich der betreffende Mitarbeiter eigenverantwortlich um seine Lernfortschritte kümmert. Aus meiner Sicht ist das auch gar kein Ausschlusskriterium, um Selbständigkeit und Eigeninitiative auch gezielt zu fördern. Allerdings sollten die zuständigen und verantwortlichen Führungskräfte den Prozess sehr eng begleiten – einfach um sicherzustellen, dass sich Mitarbeiter keine falsche oder ineffiziente Methodik aneignen. Ist dies nämlich der Fall, ist es in der Regel deutlich komplexer und auch zeitintensiver, dies nachträglich zu korrigieren.

11.1 Entwicklungsfortschritte als Lernkurveneffekte

Die Lernkurve beschreibt grundsätzlich den Entwicklungsfortschritt des Mitarbeiters und sollte im Idealfall mindestens linear oder sogar exponentiell im Verhältnis zur Zeitspanne ansteigen. Die Zeitspanne gibt in diesem Fall entweder die Dauer der Zugehörigkeit in einer bestimmten Organisationseinheit an oder eben auch die benötigte Lernzeit, um eine neue Aufgabe ordnungsgemäß ausführen zu können. Somit bringt eine steile Lernkurve zum Ausdruck, dass der Mitarbeiter neue Inhalte und Methoden gut verinnerlichen kann und entsprechend schnelle Fortschritte macht – umgekehrt natürlich ebenso.

11.2 Emanzipation des Mitarbeiters

Während die Lernkurve des Mitarbeiter - wie eben beschrieben – im Idealfall kontinuierlich ansteigen soll, bis die betreffende Aufgabe möglichst selbstständig, fachgerecht, effektiv und effizient ausgeführt werden kann, sollte im gleichen Zeitverlauf der Aufmerksamkeitsgrad der Führungskraft analog dazu entsprechend abnehmen. Übertragen auf die Praxis bedeutet das, dass der Mitarbeiter zu Beginn verhältnismäßig viel Zeit seiner Führungskraft beanspruchen wird, um entweder selbst zuzusehen, Fragen zu stellen und zu verstehen – aber eben auch um Fehler machen zu können und diese anschließend gemeinsam zu korrigieren. Je intensiver und fundierter diese Anlern- und Anleitphase durch die jeweilige Führungskraft genutzt wird, umso deutlicher sollten die Lernfortschritte sein. Dadurch, dass gleichzeitig mit steigenden Wiederholungen bestimmter Aufgaben automatisch eine gewisse Routine einsetzt, sollte logischerweise die Führungskraft zunehmend weniger stark beansprucht werden. Plakativ ausgedrückt bedeutet das, dass sich der Mitarbeiter im Verlauf der Zeit von seiner Führungskraft emanzipiert indem er Fortschritte macht und er auf diese Weise zur Eigenständigkeit entwickelt wird.

Insofern sollte es im Selbstverständnis einer Führungskraft liegen, gemeinsam mit dem Mitarbeiter die beschriebenen Etappen zu erreichen und ihn auf diesem Wege aktiv zu belgeiten. Wer das ignoriert oder herunterpriorisiert, riskiert, dass der Entwicklungsprozess deutlich schleppender verläuft oder sich die Mitarbeiter Gewohnheiten aneignen, die hinterher sehr zeitaufwendig korrigiert werden müssen. Abgesehen davon besteht damit zusätzliches Frustpotential für beide Seiten, was sich am Ende in aller Regel negativ auf Ergebnisse auswirkt.

12. Human Ressources

Human Ressources ist in den allermeisten Organisationen eine Zentralfunktion. Häufig wird dieser Begriff dem Personalwesen oder der Personalabteilung gleichgesetzt. Dies ist nicht grundlegend falsch, deckt aber nur ein Teilsegment ab. Während sich klassische Personalabteilungen vorrangig um sämtliche administrative Mitarbeiterbelange wie zum Beispiel Stammdatenpflege, Vertragserstellungen oder Elternzeitanträge kümmern, bezeichnet Human Ressources die ganzheitliche Einordnung des jeweiligen Mitarbeiters. Dabei geht es maßgeblich um die Entwicklung eines Mitarbeiters und damit um die zentrale Fragestellung, welchen aktiven Beitrag leistet das jeweilige Unternehmen, den individuellen Mitarbeiter zu entwickeln.

12.1 Instrumente der Personalentwicklung

Die eingesetzten Instrumente und Entwicklungsmaßnahmen sind dabei von Unternehmen zu Unternehmen sehr unterschiedlich. Obwohl zum Beispiel Weiterbildungsmaßnahmen wie etwa Schulungen, Kurse oder Seminare einen durchaus wesentlichen Bestandteil der individuellen Mitarbeiterentwicklung darstellen, ist er nur einer von vielen Bausteinen.

Damit eine Weiterbildungsmaßnahme auch den gewünschten Effekt erzielt, sollte in jedem Fall eine sehr enge Abstimmung mit der jeweiligen fachlichen Führungskraft erfolgen. Dabei gilt es zu differenzieren, inwieweit die betreffende Maßnahme auf Behebung eines Potentialfeldes abzielt oder es ganz konkret um den Ausbau und Vertiefung einer bereits vorhandenen Kompetenz geht.

Idealerweise sind dabei die Wahrnehmung der Führungskraft und des jeweiligen Mitarbeiters deckungsgleich – was wiederum voraussetzt, dass es hierzu bereits einen fundierten Austausch gab (siehe dazu auch Kapitel 10.1 und 10.2 – Fordern und Fördern).

12.2 Weiterentwicklung der Mitarbeiter als Existenzgrundlage der Führung

Bedauerlicherweise wird Führung nach wie vor sehr konträr gesehen und letztlich auch gelebt. Insbesondere die Sichtweisen von Führungskräften und Angestellten sind dabei häufig extrem entgegengesetzt. Während die Fraktion der Führungskräfte häufig mangelnde Qualifikationen, fehlende Leistungsbereitschaft und hohe Fehlerquoten bei Ihren Mitarbeitern bemängeln, beklagt die Fraktion der Mitarbeiter unzureichende Flexibilität, Desinteresse und schlechten Führungsstil bei deren Vorgesetzten. Somit drängt sich in diesem Zwiespalt immer wieder die Frage auf, worin eigentlich

Personalentwicklung

die Daseinsberechtigung einer Führungskraft besteht. Auch hierzu gibt es unzählige und größtenteils völlig unterschiedliche Bewertungsansätze. Ich persönlich habe für mich daher den Anspruch definiert, dass der Mitarbeiter in der Gesamtbetrachtung aus seiner Perspektive von der gemeinsamen Zusammenarbeit profitiert hat. Dabei will ich mich bewusst nicht auf ein bestimmtes Entwicklungssegment festlegen. Eine Zusammenarbeit zwischen Mitarbeiter und Vorgesetztem darf zurecht dann als erfolgreich bezeichnet werden, wenn sich der Mitarbeiter aus seiner persönlichen Sicht weiterentwickelt hat – dabei ist es erstmal sekundär, ob die Weiterentwicklung im persönlichen, fachlichen, methodischen oder operativen Bereich stattgefunden hat.

Ich erinnere mich noch heute sehr gut an einen ehemaligen Mitarbeiter, der nach einigen Jahren der gemeinsamen Zusammenarbeit für sich entschieden hat, beruflich neue Wege zu gehen. Obwohl wir keineswegs immer der gleichen Meinung waren und mitunter lebhaft sowie kontrovers diskutiert haben, hatten wir zu jedem Zeitpunkt das gleiche, gemeinsame Ziel im Blick. Bei unserem letzten Gespräch hat er mir dann offenbart, dass er sich zwar oft über mich geärgert hat, ihn unsere Diskussionskultur aber nachhaltig geprägt hatte. Er wusste, dass er sich inhaltlich sehr stark vorbereiten und seine Argumente stichhaltig und belastbar vortragen musste, um mich zu überzeugen. Dadurch konnte er sich nach eigener Aussage spürbar im Bereich der Argumentationsführung weiterentwickeln.

Somit lässt sich zusammenfassend zum Thema Mitarbeiterentwicklung festhalten, dass immer beiden Seiten von der Zusammenarbeit profitieren müssen – das Unternehmen genauso wie der Mitarbeiter selbst.

Damit dies auch funktioniert, braucht es regelmäßigen Austausch zwischen Mitarbeitern und Führungskräften, fundierte Potentialanalysen und abgestimmte Maßnahmen, um einen kontinuierlichen Entwicklungsprozess zu gewährleisten.

Wer dieses Thema unterschätzt oder herunterpriorisiert, wird mit an Sicherheit grenzender Wahrscheinlichkeit an der falschen Stelle sparen, da die individuelle Leistungsbereitschaft erwiesenermaßen unmittelbar mit der eigenen Entwicklungsperspektive zusammenhängt. Ganz entscheidend ist an dieser Stelle der Hinweis, dass die individuelle Ambition des jeweiligen Mitarbeiters dabei völlig unerheblich ist. Entscheidend ist lediglich, dass die Führungskraft die Motive und Antriebe ihrer Mitarbeiter kennt, wofür wiederum Proaktivität der Führungskraft erforderlich ist. Nur so können auch entsprechende Maßnahmen festgelegt werden, die am Ende den gewünschten Output sichern und gleichzeitig dazu beitragen, dass sich der Mitarbeiter auch nach seinen eigenen Vorstellungen weiterentwickelt.

13. Mitarbeitergespräch

Ein ganz besonderes Phänomen der Personalführung findet sich beim Thema Mitarbeitergespräch. Besonders deshalb, weil es im Vergleich zu anderen – ebenfalls durchaus essenziellen – Führungsinstrumenten tatsächlich von einer großen Mehrheit der Führungskräfte auch genutzt wird. Allerdings gibt es wohl bei kaum einem anderen Instrument so eine enorme Bandbreite an Varianten, insbesondere mit Blick auf Struktur, Inhalt, Dauer und Frequenz.

Hingegen identisch – und an dieser Stelle wiederhole ich mich erneut – ist die Tatsache, dass es auch bei der Gestaltung und Umsetzung von Mitarbeitergesprächen keinerlei Blaupausen geben dürfte. In jedem Fall erhebe ich auch hierfür keinen Anspruch auf Korrektheit. Auf diesen Hinweis lege ich großen Wert.

Personalentwicklung

13.1 Zyklus und Frequenz

Widmen wir uns zunächst der Frequenz, das heißt, wie häufig Mitarbeitergespräche stattfinden sollten. Pauschal kann auch ich diese Frage nicht beantworten, weil es zunächst um die Unterscheidung geht, ob es sich um ein Standardgespräch nach Regelterminvereinbarung handelt oder ein spezielles Sonderthema (siehe dazu auch Kapitel 8.8 – Konfliktmanagement). Aus meiner Praxiserfahrung heraus betrachtet erlebe ich Mitarbeitergespräche überwiegend als Serientermine, vorwiegend im Wochenzyklus. Bei Mitarbeitern im niedrigen Reifegrad ist es durchaus naheliegend den Zyklus sogar etwas zu verkürzen und gerade in der Anfangsphase kurze Abstimmungsgespräche täglich zu führen. Gleichzeitig spricht auch rein gar nichts dagegen, den Zyklus für sehr erfahrene Mitarbeiter deutlich auszudehnen oder wahlweise auch Mitarbeitergespräche nur nach konkretem Bedarf zu führen.

13.2 Struktur und Inhalte

Hinsichtlich Struktur und Inhalten wird es dann schon etwas anspruchsvoller. Was ich in der Praxis sehr häufig vermisse, ist eine fundierte Vorbereitung auf ein Mitarbeitergespräch. Stattdessen werden überwiegend spontane und intuitive Themen aufgegriffen, wozu erfahrungsgemäß meistens auch nur eine Partei aussagefähig ist.

Um den Ablauf und die Funktionsweise von Mitarbeitergesprächen besser zu verstehen, ziehe ich das Ende des Gesprächs vor. Damit ein Mitarbeitergespräch überhaupt seinen ursprünglichen Zweck als Personalentwicklungsinstrument gerecht werden kann, sollte es ausnahmslos mit einer konkreten Zielvereinbarung abgeschlossen werden. Diese Zielvereinbarung bezieht sich auf den Zeitraum bis zum nächsten stattfindenden Termin, der entweder per Serie festgelegt oder dann entsprechend zu vereinbaren ist. Folglich sollte die Eröffnung eines Mitarbeitergesprächs auch mit der Überprüfung der Zielvereinbarung starten. Das bedeutet, dass Mitarbeiter und Vorgesetzter anhand der – idealerweise schriftlich vorliegenden – Zielvereinbarung eine Standortbestimmung vornehmen und analysieren in welchem Umfang diese erfüllt ist. Damit einhergehend werden automatisch auch die noch offenen oder nicht vollständig korrekten Punkte aus der Zielvereinbarung thematisiert und die Ursachen für die Abweichung erläutert.

Aus meiner Sicht ist es daher durchaus empfehlenswert, wenn dem Mitarbeitergespräch auch eine klar strukturierte Agenda zugrunde liegt. Dies hat für beide Seiten Vorteile: der Mitarbeiter kennt die Themenschwerpunkte bereits im Vorfeld und kann sich entsprechend darauf vorbereiten. Die Führungskraft ihrerseits stellt somit sicher, dass der Mitarbeiter zu den relevanten Themen auch aussagekräftig ist. Je nach dem in welchem Zyklus die Mitarbeitergespräche stattfinden, können natürlich spontan wichtige Themenfelder auftreten, die dann auch aufgegriffen werden. Diese können ebenfalls als eigener Agenda Punkt berücksichtigt werden, zum Beispiel als „Sonderthemen".

Nachdem also die Standortbestimmung erfolgt und somit der erste Agenda Punkt bereits abgehandelt ist, sollte der weitere Verlauf individuell und vor allem bedarfsgerecht festgelegt sein.

Da ich in diesem Buch aus bekannten Gründen immer wieder auf Vertriebsorganisationen referenziere, bleibe ich dieser Linie treu. Aus meiner Erfahrung heraus ist es daher nicht nur naheliegend, sondern auch elementar, aktuelle Vertriebs- und Kundenprozesse der betreffenden Mitarbeiter zu besprechen. Dabei geht es primär darum, generell zu erfassen, welche Aufträge sind derzeit überhaupt in der Bearbeitung, wie ist der jeweilige Prozessfortschritt, an welcher Stelle es gegebenenfalls hakt und bei welchen Prozessen kurzfristige Abschlüsse erwartet werden. Sind derzeit keine Prozesse vorhanden, geht es um die Erörterung der Frage, mit welcher Strategie und unter Anwendung welch konkreter Maßnahmen neue Prozesse generiert werden können.

13.3 Verteilung von Redeanteilen

Ein derart wichtiges, mitunter aber eben auch extrem sensibles und kritisches Thema erfordert ein Höchstmaß an kommunikativer Sensitivität der Führungskraft. Zum einen geht es darum, auf die richtige Verteilung des Redeanteils zu achten. Nicht wenige Führungskräfte neigen dazu, eine sehr dominante Gesprächsposition einzunehmen, indem sie nahezu den kompletten Redeanteil übernehmen. Dies ist insofern doppelt gefährlich, weil sie dadurch überhaupt nicht mehr kontrollieren können, inwieweit der Mitarbeiter inhaltlich noch folgen kann. Gleichzeitig verlieren sie damit auch die Augenhöhe zum Mitarbeiter und stufen ihn auf diese Weise – bewusst oder unbewusst – herab. Aus Personalentwicklungsperspektive ist dieses Vorgehen fatal, weil dem Mitarbeiter dadurch jegliche Chance zur Eigenverantwortung und Selbständigkeit verwehrt bleibt. In einer derartigen Gesprächssituation kommt es daher mehr denn je auf einen ausgewogenen Dialog an – tendenziell sollte sogar der Mitarbeiter einen größeren Redeanteil bekommen. Die primäre Aufgabe der Führungskraft besteht dann darin, durch gezielte Fragen das Gespräch so zu steuern, dass sich der Mitarbeiter wertvolle Erkenntnisse und Lösungsansätze selbst erarbeitet. Punktuell dürfen und sollten diese sogar durch hilfreiche Tipps und Erfahrungswerte der Führungskraft ergänzt werden. Um aber sicherzustellen, dass der Mitarbeiter den Lösungsansatz inklusiver geeigneter Maßnahmen vollumfänglich mitträgt, sollte er aus pädagogischer Sicht diesen maßgeblich auch mitentwickelt haben. Um das Ganze inhaltlich abzusichern, bietet es sich hier erneut an, eine schriftliche Zusammenfassung vorzunehmen.

13.4 Non-Business

Da ein Mitarbeitergespräch in aller Regel eher nüchtern, sachlich und faktenorientiert abläuft, ist umso mehr darauf zu achten, dass die persönlichen Belange des Mitarbeiters ausreichend berücksichtigt werden. Insofern halte ich es auch absolut für vertretbar, sogar in die Agenda einen Non-Business-Part mit aufzunehmen, also einen eigenen Teil, bei dem es ganz gezielt nicht um fachliche Themen geht. Bei der Ausgestaltung hängt vieles davon ab, wie eng und vertrauenswürdig das Verhältnis zwischen Mitarbeiter und Vorgesetztem ist. Je nach dem sind durchaus auch private Themen erlaubt – oder eben tabu. Das allgemeine Wohlbefinden des Mitarbeiters, Dinge, die ihn aktuell beschäftigen oder auch die Zusammenarbeit mit Kollegen beispielsweise sollten sehr wohl thematisiert werden. Damit können Führungskräfte echtes Interesse und Wertschätzung der Person zum Ausdruck bringen, folglich nicht nur den Mitarbeiter, sondern auch den Menschen zu sehen.

14. Gesprächsführung

Gesprächsführung als Teil der Kommunikation führe ich ganz bewusst als separates Kapitel auf, weil sie eine zentrale Bedeutung im Kontext moderner Führung einnimmt. Dieser Umstand ist nicht zuletzt darauf zurückzuführen, dass Führung per Definition auf Kommunikation und demnach im Speziellen auf Gesprächsführung aufbaut.

Personalentwicklung

14.1 Rhetorik – Fluch oder Segen?

Nun ist es kein allzu zufälliger Aspekt, dass Führungskräfte tendenziell eher extrovertiert veranlagt sind, dabei auch nicht selten über eine fundierte Rhetorik verfügen beziehungsweise sprachgewandt wirken. In jedem Fall hören sich Führungskräfte oftmals sehr gerne sprechen.

Sie entschlüsseln vermutlich gerade die dezente Ironie, die hinter diesen Zeilen steckt – auch das hat natürlich seinen Grund. Denn, obwohl ich in diesem Buch meine persönlichen Eindrücke, Erlebnisse und Erfahrungen wiedergeben möchte, ertappe ich mich immer wieder dabei, dass einige Beobachtungen auch auf mich selbst zutreffen.

Lange Rede, kurzer Sinn. Was ich damit sagen möchte, ist, dass Wortgewandtheit, Ausdrucksstärke und eine fundierte Rhetorik sicherlich extrem hilfreich sind, um gut und vor allem ergebnisorientiert führen zu können. Im Umkehrschluss bedeutet das allerdings nicht, dass ein möglichst hoher Redeanteil im Gespräch automatisch gleichzusetzen ist mit Führungsqualität.

Ich hatte in meiner Laufbahn das große Glück, nahezu ausschließlich gute bis sehr gute Führungskräfte in meinen Einheiten zu haben, mit denen ich überwiegend auch langfristig zusammengearbeitet habe. Somit waren das im Prinzip ausnahmslos Persönlichkeiten, die neben ihrer fachlichen Expertise eben auch sehr ergebnisorientiert, zielstrebig und lösungsorientiert waren und – wie eben beschrieben – auch rhetorisch sehr stark.

Aber genau diese Eigenschaft kann bei falscher Anwendung sehr schnell zu einer Hypothek werden. Dieses Risiko entsteht nämlich genau dann, wenn der Redeanteil im Mitarbeitergespräch extrem unausgewogen ist zu Lasten des Mitarbeiters. Exakt diesen Umstand konnte ich auch bei meinen eigenen Führungskräften immer wieder beobachten. Die Problematik liegt in diesem Fall weniger auf dem inhaltlichen

Aspekt – sprich nicht das, was gesagt wird. Vielmehr ist hier die Frage zu stellen, was beziehungsweise welche der übermittelten Botschaften kommen tatsächlich auch beim Empfänger an, inwieweit kann er diese verarbeiten und – ganz entscheidend – inwieweit ist dadurch in Zukunft ein anderes oder besseres Ergebnis zu erwarten.

14.2 Interaktion der Gesprächsführung

Ich werde regelmäßig dazu befragt, wie die Redeanteile im Mitarbeitergespräch idealtypisch verteilt sein sollten. Die wissenschaftlichen Ansätze gehen auch hier teilweise sehr stark auseinander und auch ich habe hierzu keine Adhoc-Empfehlung. Zum einen sollte sich der Redeanteil im Gespräch sehr dynamisch verhalten, das bedeutet, es gibt Phasen, in denen der Vorgesetzte durchaus ein starkes Übergewicht beim Redeanteil haben darf – zum Beispiel während einer Erläuterung. Nun kommt aber ein ganz wesentliches Detail, das es zu berücksichtigen gilt: um sicherzustellen, dass ein Gespräch nicht zu einem Monolog mutiert und insbesondere, um zu gewährleisten, dass die Kernbotschaften nicht nur gesendet, sondern eben auch empfangen werden, liegt es letztlich in der Verantwortung des Initiators, das Gespräch möglichst interaktiv zu gestalten. Dies impliziert wiederum, dass – in diesem Fall der Vorgesetzte – den Mitarbeiter immer wieder aktiv ins Gespräch mit einbindet. Ich kann mich erinnern, dass ich als neutraler Beobachter in unzähligen Mitarbeitergesprächen meiner Führungskräfte mit deren Mitarbeitern saß, dabei durchaus interessanten aber endlos wirkenden Erläuterungen beiwohnte und auf der anderen Seite in größtenteils fragende oder bereits verlorene Gesichter blickte. Natürlich ist es auch eine Erwartungshaltung an Führungskräfte, dass sie Problemstellungen fachlich bewerten und Lösungen auch entsprechend erläutern können. Erfolgt dies aber ohne jeg-

Personalentwicklung

liche Interaktion mit dem Mitarbeiter, lässt zum einen dessen Aufmerksamkeitsspanne sukzessive nach und zum anderen schwindet damit auch die Akzeptanz für die Umsetzung. Die Führungskraft wird somit schnell zum „Erklärer" oder auch zum Oberlehrer. Insbesondere letzteres birgt insofern auch die nicht unerhebliche Gefahr, dass damit die gemeinsame Augenhöhe verlassen wird.

Deutlich zielführender und daher am Ende auch effektiver ist es also, den Mitarbeiter aktiv in die eigene Ausführung mit einzubinden. Dabei ist es nach meiner Ansicht nicht ausreichend, dem Mitarbeiter zwischendurch einen fragenden Blick zuzuwerfen und sich ein „verstanden" durch Nicken bestätigen zu lassen. Deutlich besser und damit auf Augenhöhe ist es, die eigenen Erläuterungen in kurze, prägnante und inhaltlich abgrenzbare Einheiten aufzuteilen und nach jeder Einheit eine spürbare Pause einzubauen. Diese Pause lässt sich wunderbar und elegant dafür nutzen, den Mitarbeiter zu bitten, eine kurze Rekapitulation mit seinen eigenen Worten wiederzugeben. Auf diese Weise wird nämlich nicht nur sichergestellt, dass die Aufmerksamkeitsspanne dauerhaft hoch bleibt, sondern es kann überprüft werden, ob die Kernbotschaften der eigenen Aussagen auch richtig übermittelt beziehungsweise richtig erfasst wurden. Je nach dem wie komplex oder wichtig das jeweilige Thema ist, kann es sich zusätzlich anbieten, dass sich der Mitarbeiter diese Kernbotschaften schriftlich mitnotiert.

14.3 Zielsetzung von Gesprächsanlässen

Ehrlicherweise gibt es auch beim Thema Gesprächsführung keinen allgemeingültigen Ansatz. Im Vergleich zu anderen Führungsthemen kommt es bei der Gesprächsführung auch darauf an, dass die aufgeführten Punkte zum eigenen Gesprächsstil passen und somit die persönliche Authentizität auch gewahrt bleibt. Abgesehen davon sollte sich der Gesprächsinitiator auch immer Gedanken darüber machen, was er mit dem Gespräch erreichen möchte. Geht es beispielsweise eher darum, seinem Gegenüber lediglich etwas mitzuteilen, also ein rein informativer Gesprächsanlass oder geht es darum, eine Veränderung, Verbesserung oder Anpassung herbeizuführen, um am Ende ein anderes Ergebnis zu erzielen. Das heißt also, das Gesprächsziel sollte im Vorfeld feststehen und der Gesprächsverlauf auf das zu erreichende Gesprächsziel ausgerichtet werden.

Ich persönlich bin in solchen Fällen auch ein starker Befürworter davon, dem oder den Gesprächsteilnehmern das Thema und auch die Zielsetzung möglichst zu Beginn des Gesprächs – je nach dem auch vorab - klar zu benennen.

Um die Kernbotschaft dabei nicht zu verwässern und die eigene Gesprächsposition nicht zu schwächen, sollten Thema und Zielsetzung kurz, prägnant und unmissverständlich benannt werden. Dabei ist zwingend auf die Vermeidung von Konjunktiven, Weichmachern, Füllwörtern oder unnötigen Unterbrechung zu achten. Ich rate in solchen Fällen auch immer dazu, die Eröffnung des Gesprächs vorzubereiten und gegebenenfalls zu üben. Die Gesprächseröffnung muss fehlerfrei und sattelfest sein – nicht zuletzt, um mögliche Zweifel an der eigenen Haltung im Keim zu ersticken.

Auch für den weiteren Verlauf des Gesprächs gilt, die eigenen Ausführungen nach Möglichkeit auf kurze, aussagekräftige Hauptsätze zu stützen und ausufernde Schachtelsätze zu vermeiden. Je konsequenter Sie Ihre Kernbotschaften in kurze und verständliche Hauptsätze integrieren, desto höher ist die Wahrscheinlichkeit, dass diese beim Empfänger ankommen und auch entsprechend verarbeitet werden können.

Je klarer die Gesprächsstruktur, je unmissverständlicher die Zielsetzung und je stringenter die Gesprächsführung an sich erfolgt, desto größeren Mehrwert lässt sich damit generieren – sowohl aus Sicht der Führungskraft als auch im Hinblick auf die Entwicklung des Mitarbeiters. Ehrlicherweise ist hier auch der Umkehrschluss zulässig. Je weniger klar, strukturiert und ergebnisorientiert die generelle Gesprächsführung abläuft, desto eher werden Gespräche zwischen Führungskraft und Mitarbeiter als nicht nutzenstiftend und bisweilen zeitverschwenderisch betrachtet.

15. Talentförderung

Wie bereits mehrfach in diesem Buch erläutert, ist der Personalentwicklungsaspekt einer der wesentlichen Faktoren, um die Wirksamkeit, die Effektivität und damit letztlich auch die Qualität von Führungskräften zu bestimmen.

Dass jede Führungskraft grundsätzlich auch den Anspruch haben sollte, Talente ihrer Mitarbeiter zu erkennen, diese zu fördern und entsprechend zu entwickeln, dürfte an dieser Stelle selbstredend sein. Woran liegt es dann also, dass dieser Umstand in der Praxis häufig sehr stark unterrepräsentiert ist?

15.1 Stärken stärken vs. Schwächen abbauen

Die Zielsetzung bei der Mitarbeiterentwicklung besteht darin, den jeweiligen Mitarbeiter durch gezielte Maßnahmen weiterzuentwickeln und damit seine Arbeitsleistung kontinuierlich zu optimieren. Dafür gibt es generell zwei wesentliche Herangehensweisen: Talente und individuelle Stärken des Mitarbeiters gezielt stärken und ihn versuchen entsprechend einzusetzen oder seine Schwächen kontinuierlich zu beheben.

Es ist spürbar zu erkennen, dass sich nach und nach eine Trendumkehr etabliert und die Förderung individueller Talente eine zunehmend strategisch wichtige Bedeutung einnimmt. Dies erfordert jedoch eine gewaltige organisatorische Flexibilität und genau daran scheitert es derzeit noch häufig. Ein Großteil der offenen Stellen wird von Unternehmen als Ersatzpositionen nachbesetzt. Das bedeutet, dass der Austritt eines Stelleninhabers – unabhängig von den Gründen – möglichst adäquat neu besetzt wird. Das wiederum impliziert, dass nicht nur die Aufgaben deckungsgleich wieder vergeben werden, sondern eben auch, dass sich die Qualifikation des Nachfolgers an denen des Vorgängers orientiert. Im Idealbild der verantwortlichen Führungskräfte sollte der Nachfolger möglichst zeitnah das Leistungsniveau des Vorgängers erreichen. Dafür ist es dann eben erforderlich, dass Schwachpunkte und Defizite so schnell wie möglich korrigiert werden, woraus sich logischerweise entsprechende Personalentwicklungsmaßnahmen ableiten.

15.2 Talentorientierte Aufgabenverteilung

Gleichzeitig wird damit jedoch die Chance verpasst, die individuellen Talente und Fähigkeiten möglichst gewinnbringend zu nutzen. Mir ist durchaus bewusst, dass es flächendeckend unrealistisch erscheint, Mitarbeiter ausschließlich nach deren Stärken, Talenten sowie idealerweise auch nach deren Präferenzen einzusetzen. Wer sich als Führungskraft aber gezielt damit befasst, wird in aller Regel schnell feststellen, dass sich die Talente der einzelnen Mitarbeiter häufig sehr deutlich unterscheiden – meistens sogar auch dann, wenn sie für jeweils identische Aufgabenbereiche vorgesehen oder eingestellt wurden. Dieser Umstand hätte dann zur Konsequenz, dass sich zwei oder mehr Kollegen jeweils so gegenseitig ergänzen, dass jeder möglichst solche Tätigkeiten übernimmt, bei denen seine individuellen Talente am stärksten zur Geltung kommen. Dies impliziert, dass der Mitarbeiter somit auch entsprechende Aufgaben von Kollegen übernimmt, während er im Umkehrschluss Aufgabenfelder an seine Kollegen übergibt, die dafür offensichtlich die bessere Befähigung oder eben die größere Präferenz haben.

Auf diese Weise können Führungskräfte wiederum eine Win-Win-Situation schaffen: die Mitarbeiter sind jeweils deutlich zufriedener in ihrer Rolle, weil sie sich auf Themen und Aufgaben fokussieren, die ihnen ohnehin liegen und idealerweise auch daran Freude finden. Gleichzeitig lässt sich so auch der Output steigern.

Teil 4

Personal 4.0

Betrachtet man Personalführung als ganzheitlichen Ansatz, dann geht es zwangsläufig auch um die Frage nach der Zukunft. Personal 4.0 bezeichnet somit die intelligente Vernetzung von Prozessen und Abläufen rund um das Thema „Mitarbeiter". Der Einsatz digitaler Technologien ist bekanntlich längst etabliert und daher kein originäres Zukunftsthema. Allerdings sind die Umsetzung sowie die Anwendung in vielen industriellen Bereichen und insbesondere in der Personalführung längst noch nicht routiniert – geschweige denn ausgereift. Daher erscheint es umso essenzieller sowohl den Status Quo als auch die gigantischen Potentialfelder zu beleuchten, die daraus resultieren.

16. Digitalisierung

Jeder, der sich auch nur am Rande mit moderner Führung auseinandersetzt, wird an einem Begriff keinesfalls vorbeikommen: Digitalisierung. Digitalisierung ist gleichermaßen in aller Munde wie zwischenzeitlich auch durchaus inflationär benutzt für alles, was im übertragenen Sinne über das Karteikartensystem hinaus geht.

16.1 Potentialanalyse und Zielbild

Die Einsatzmöglichkeiten moderner Technologien im Umfeld von Personal- und Führungsthemen sind mittlerweile extrem vielfältig, daher gilt auch in diesem Zusammenhang wieder in ganz entscheidendem Maße, sich mit der konkreten Zielsetzung auseinanderzusetzen. Genau diese Schwachstelle beobachte ich heutzutage vielerorts. Dass wir insbesondere in Deutschland in Sachen Digitalisierung extremen Nachholbedarf haben und mittlerweile zahlreiche Länder – insbesondere asiatische – uns diesbezüglich meilenweit voraus sind, ist leider unstrittig. Gleichzeitig entsteht aber auch der Eindruck, es müsse zwanghaft einfach alles digitalisiert werden, das sich nun mal digitalisieren lässt. Grundsätzlich ist dem auch nichts entgegenzusetzen. Ich will damit nur sagen, dass eine fundierte und ausgewogene Potentialanalyse im Vorfeld dringend zu empfehlen ist und gleichzeitig die eindeutige Fragestellung zu klären, „was möchte ich damit konkret erreichen?". Dabei gilt es auch zu berücksichtigen, dass Digitalisierung nicht einfach nur der Einsatz moderner Technologien ist, sondern vielmehr das veränderte Verhalten von Menschen bei der Benutzung dieser Technologien beschreibt.

Dabei bildet die sogenannte künstliche Intelligenz – abgekürzt bekannt auch als KI – das Herzstück digitaler Prozesse. Im übertragenen Sinne geht es bei KI darum, Maschinen und Systeme so zu programmieren, dass sie menschenähnliche Intelligenzleistungen erbringen und durch bestimmte Verhaltensmuster und Wiederholungen „lernen".

16.2 Künstliche Intelligenz im Vertrieb

Wie kann so etwas in der Praxis aussehen? Vertrieb nimmt in jedem Unternehmen – egal ob produkt- oder dienstleistungsorientiert – immer einen ganz wesentlichen Wertschöpfungsanteil ein. Denn ohne Kunden kann ein Unternehmen auch nichts verkaufen, erzielt logischerweise auch keinen Umsatz und hätte folglich auch keine Existenzgrundlage. Insofern muss sich jedes Unternehmen immer die Frage stellen, wie kann ich auf der einen Seite meine Bestandskunden weiterhin an mich binden und wie finde ich auf der anderen Seite kontinuierlich neue Kunden? Exakt bei dieser Fragestellung kann der Einsatz digitaler Technologien unter Einbeziehung von künstlicher Intelligenz enorme Potentiale identifizieren. Die grundsätzliche Frage bei der Suche insbesondere nach neuen Kunden ist ja, welches Unternehmen könnte konkreten Bedarf an meinen Produkten oder Dienstleistungen haben? In konventioneller Hinsicht ist die Beantwortung dieser Frage meist sehr zeit- und kostenintensiv. Der klassische Außendienstmitarbeiter oder Vertreter fuhr oder fährt nach wie vor mehrere zenttausend Kilometer im Auto durch die Republik, um potenzielle Abnehmer persönlich zu treffen, idealerweise Bedarfe zu wecken und im besten Fall etwas zu verkaufen. Nicht zuletzt aufgrund von Corona und aus klimapolitischen Aspekten muss und wird dieses Geschäftsmodell immer stärker hinterfragt werden müssen. Alternativ dazu, aber eben auch nicht wirklich fortschrittlicher, werden Produkte und Dienstleistungen nach wie vor über die klassische telefonische Kaltakquise an den Mann beziehungswiese an die Frau gebracht. Ich möchte keinesfalls behaupten, dass diese Art von Vertrieb ausgedient hat, dafür ist die Nutzung dieses Instruments noch zu flächendeckend. Allerdings wird niemand, der über einen nachhaltigen Zeitraum und letztlich auf diese Weise neue Kunden gefunden hat, bestreiten, dass diese Herangehensweise eine hohe Frustrationstoleranz erfordert. Darüber hinaus sind die Erfolgsquoten – je nach individueller Erfahrung sowie nach Qualitätsbeschaffenheit des Produkts oder der Dienstleistung und je nach Reputation des Unternehmens – irgendwo zwischen eins zu fünf und eins zu fünfzehn einzuordnen. Genau an dieser Stelle setzt nun künstliche

Intelligenz an. Jeder Anwender, der sich online bewegt, hinterlässt digitale Spuren. Sie kennen das sicher auch aus Ihrem privaten Bereich. Wenn Sie zum Beispiel bei Google den Begriff „Sommerurlaub in Griechenland" eingeben, erhalten Sie plötzlich über Social Media Werbeanzeigen für Ferienhäuser auf Rhodos. Im Idealfall lässt sich mittels Einsatzes von künstlicher Intelligenz bereits herausfiltern, welche Unternehmen konkreten Bedarf an meinen Produkten oder Dienstleistungen haben. Nicht zuletzt deshalb, weil diese Unternehmen im Internet genau nach den relevanten Begriffen gesucht haben. Für diesen Zweck gibt es mittlerweile spezielle Software, die mir genau auflistet, wann hat wer meine Homepage besucht, nach welchem Schlagwort gesucht und welche Menüpunkte aufgerufen wurden. Es werden also auf diese Weise sehr wertvolle Kundendaten erfasst.

Diese Kundendaten kann ich als Führungskraft insofern verwerten, dass ich die Portfolios meiner Vertriebsmitarbeiter nach konkreten Potentialen zusammenstelle und somit die Erfolgsquote einzelner Kundengespräche sowie damit verbunden die Mitarbeiterzufriedenheit signifikant erhöhe.

17. Remote Working

Hätte ich dieses Buch bereits vor einigen Jahren verfasst, ein eigenes Kapitel zum Thema Remote Working beziehungsweise Home-Office vorzusehen, wäre wohl völlig undenkbar gewesen.

In Zeiten von Corona und eindeutigen Empfehlungen seitens der Politik, überall dort Home-Office zu erlauben, wo es eben möglich ist, hat diese Thematik eine gewaltige Eigendynamik aufgenommen. Vor dem Hintergrund, dass es flächendeckend zu funktionieren scheint, wird es auch in der Post-Covid-Ära eine zentrale Rolle spielen.

17.1 Möglichkeiten und Grenzen

Was jedoch bleiben wird, ist die andauernde Diskussion darüber, wie Remote Working möglichst effektiv beziehungsweise ohne Qualitäts- und Ertragseinbußen am besten umzusetzen und welche Gewichtung zwischen Home-Office und Präsenz im Büro zu empfehlen ist.

Eine pauschale Bewertung hinsichtlich der Gewichtung halte ich in diesem Kontext für wenig zielführend, da sehr viele unterschiedliche Parameter zu berücksichtigen sind.

Der aus meiner Sicht wichtigste Parameter hängt mit dem individuellen Reifegrad des Mitarbeiters zusammen. Ein niedriger Reifegrad ist in diesem Zusammenhang nicht gleichbedeutet damit, dass der Mitarbeiter erst seit kurzem im Unternehmen ist. Der Reifegrad des Mitarbeiters muss immer in Korrelation seiner Erfahrung mit der auszuübenden Tätigkeit bestimmt werden. Somit könnte beispielsweise ein sehr erfahrener Mitarbeiter im Reifegrad zurückgestuft werden, wenn er erstmals eine neue Tätigkeit übernimmt und diese komplett neu erlernen muss.

Grundsätzlich halte ich es aber aus Einarbeitungs- und Ausbildungssicht für zwingend erforderlich, dass die betreffenden Mitarbeiter auch persönlichen Kontakt zu erfahrenen Kollegen oder je nach dem auch Vorgesetzten haben. Zum einen haben sie nur auf diese Weise die Möglichkeit, bestimmte Arbeitsschritte und -Vorgänge bei Kollegen zu beobachten, sich daran zu orientieren und davon abzuleiten. Zum anderen ist dadurch auch die Möglichkeit gegeben, spontan und informell Rückfragen zu stellen, was erfahrungsgemäß nicht passiert, wenn alle Beteiligten remote arbeiten.

Die beschriebene Beobachtungsoption ist hingegen auch für Führungskräfte von substanzieller Bedeutung. Mögliche Fehler und Schwachstellen in der Ausführung können somit frühzeitig identifiziert und korrigiert werden.

17.2 Aufgabenorientierung als Gratmesser

Des Weiteren hängt die Frage nach dem richtigen Verhältnis zwischen Home-Office und Vorort-Präsenz von der jeweiligen Tätigkeit beziehungsweise von der aktuellen Aufgabe ab.

Arbeitet der Mitarbeiter beispielsweise an einem individuellen Konzept, das er weitgehend autark umsetzen kann und wofür er in aller erster Linie ein ruhiges Arbeitsumfeld benötigt, kann es mitunter sogar vorteilhaft sein, dies von zuhause aus zu tun. Ist er hingegen Teil eines Projektteams, das intensive Interaktion unter den Teammitglieder erfordert, ist der kurze Dienstweg sowie der persönliche Kontakt meist unerlässlich.

Ebenfalls in die Abwägung mit einzubeziehen ist die Anforderung an den Identifikationsgrad des Mitarbeiters mit dem Produkt, der Marke, dem Unternehmen sowie mit den Kollegen. Wer also dauerhaft von zuhause aus arbeitet und seine Kollegen nur virtuell trifft, läuft natürlich auch Gefahr, die Identifikation mit dem eigenen Team und dem Arbeitsgeber einzubüßen. Analog dazu ist zu berücksichtigen, dass sich Teams oftmals auch durch einen speziellen Spirit auszeichnen und sich gegenseitig zu Höchstleistungen antreiben – so genannte High Performance Teams. Auch dieser Aspekt wird logischerweise abgeschwächt, wenn sich die Teammitglieder nur noch virtuell begegnen.

Die Verantwortung der Führungskräfte liegt deshalb darin, dieses Spannungsfeld richtig zu moderieren. Ich habe mehrfach miterlebt, dass Präsenzarbeit im Büro als eine Art Sanktion wahrgenommen wurde, während von zuhause aus zu arbeiten mitunter als Incentive interpretiert wurde. Genau das gilt es gezielt auszuschließen.

Wie ich bereits beschrieben habe, empfehle ich hier eine klare Aufgabenorientierung in jeweiliger Abhängigkeit vom individuellen Reifegrad. Dies impliziert selbstverständlich, dass nicht alle Mitarbeiter gleichzeitig und im gleichen Umfang von zuhause aus arbeiten können. Auf diese Weise ist es aber dennoch eindeutig abgrenzbar auch auf die Gefahr hin, dass die Akzeptanz dafür nicht bei allen gleich ist.

Alternativ denkbar sind auch sogenannte Teamtage, das heißt, es gibt feststehende und verbindliche Tage, an denen alle Teammitglieder gesammelt anwesend sind. Dies kommt in erster Linie der Teamidentität zugute und fördert den internen Zusammenhalt. Wenn es je nach Gegebenheit und Infektionslage nicht möglich ist, dass Teams geschlossen vor Ort sind, könnte zum Beispiel auch tageweise abgewechselt werden.

Ich bin fest davon überzeugt, dass Remote-Working auch nach überstandener Pandemie ein fest verankerter Bestandteil unserer Arbeitswelt bleibt. Genauso überzeugt bin ich aber davon, dass es einen gesunden Mix zwischen Vorort-Präsenz in den Büros und Remote Working benötigt.

18. Social Selling

Die gewaltige Macht von Social Media zeigt sich schon lange nicht mehr nur im privaten Umfeld. Business-Plattformen wie LinkedIN oder Xing sind längst als fester Bestandteil der eigenen Positionierung etabliert. Ein lückenloser, aussagekräftiger und professioneller Social-Media-Auftritt wird mittlerweile von zahlreichen Arbeitgebern standardmäßig vorausgesetzt.

18.1 Social Media Auftritt als digitale Marke

Was ursprünglich einmal als „Business-Facebook" belächelt wurde, um sich einfach nur mit Kollegen und Bekannten zu vernetzen, ist mittlerweile die wichtigste und potentialträchtigste Vermarktungsplattform für Einzelpersonen und Unternehmen.

Personal 4.0

Keine Frage – der Professionalisierungsgrad sowie die Nutzungsintensität variieren extrem. Während es auf der einen Seite immer mehr Nutzer gibt, die Social-Media zum vorrangigen und teilweise auch ausschließlichen Kommunikationskanal erklären, gibt es auf der anderen Seite nach wie vor zahlreiche Skeptiker, für die Social-Media eher eine Spielerei darstellt und die deshalb unverändert auf konventionelle Kommunikationsmittel setzen. Allerdings zeigt sich eben auch, dass sich das Verhältnis immer stärker zugunsten von Social Media wandelt.

Was genau verbirgt sich aber hinter dem Begriff „Social Selling"? Wie der Name bereits impliziert, geht es um „Verkaufen". Allerdings nicht in unmittelbar kommerzieller Absicht, sondern darum, sich als Unternehmen beziehungsweise als Einzelperson zu vermarkten und zu verkaufen. „Social Selling" zielt folglich darauf ab, als Person oder Unternehmen eine digitale Marke zu erschaffen, die vom jeweiligen Netzwerk auch so wahrgenommen wird. Um diese Aktivitäten gezielt zu koordinieren und damit am Ende auch einen positiven Ergebnisbeitrag zu erzielen, ist folgendes zu berücksichtigen.

Die Grundvoraussetzung von Social Media basiert immer auf dem Netzwerkgedanken, sprich je größer das Netzwerk, desto besser die Wahrnehmung und desto größer letztendlich auch die Reichweite. Wer beim Thema Social Media gerade erst am Anfang steht, für den ist es natürlich naheliegend, sich möglichst mit allen Kollegen, Freunden und Bekannten auf der jeweiligen Plattform zu vernetzen, die er auch persönlich kennt.

Im nächsten Schritt erscheint es logisch und konsistent, sich mit allen relevanten Geschäftspartnern zu vernetzen, zu denen es aktive Berührungspunkte gibt. Dabei gibt es durchaus unterschiedliche Philosophien in der Herangehensweise. Je nach dem was besser zur eigenen Persönlichkeit passt. Generell gibt es hierbei weder „richtig" noch „falsch", erlaubt ist im Prinzip alles, was am Ende auch Wirkung erzielt.

Ich hatte einmal eine sehr erfolgreiche Mitarbeiterin, die zum Beispiel alle ihre persönlichen Vernetzungen prophylaktisch vorgenommen hat. Das heißt, sie hat über die Filterfunktion potentielle und zukünftige Bedarfsträger identifiziert und sich bereits vor der ersten Kontaktaufnahme per Kontaktanfrage vernetzt. In ihrem Fall hat das ganz hervorragend funktioniert, da sie dann im ersten Gespräch auf die bestehende Vernetzung verweisen konnte. Andere Kollegen haben die Reihenfolge umgekehrt und auch hiervon durchaus profitieren können.

18.2 Profilschärfung durch gezielte Aktivitäten

Während also auf diese Weise das Netzwerk kontinuierlich wächst, kommt es beim Thema „Social Selling" wie bereits erwähnt darauf an, sich eine eigene Positionierung zu erarbeiten. Dies erfolgt in der Regel über die jeweiligen Aktivitäten im betreffenden Netzwerk. Im Grunde genommen analog zu Facebook oder Instagram werden sämtliche Aktivitäten im sogenannten News Feed angezeigt. „News feed" ist die Übersicht der jeweils abonnierten Nachrichten. Sofern der Nutzer die Darstellungen nicht personalisiert einschränkt, werden mit der Vernetzung einer beliebigen Person déren Beiträge automatisch abonniert und somit auch in der eigenen Übersicht angezeigt.

Die einfachste und schnellste Möglichkeit, das eigene Aktivitätslevel zu erhöhen und damit vom eigenen Netzwerk wahrgenommen zu werden, besteht darin, andere Seiten oder Beiträge mit „gefällt mir" zu markieren. Deutlich effektiver und wirksamer ist es jedoch, Beiträge von anderen Nutzern zu kommentieren.

Um die eigene Marke schrittweise zu etablieren und gezielt zu entwickeln, ist es ganz entscheidend, dass sich der Nutzer im Vorfeld Gedanken darüber macht, für welches

Thema er persönlich steht beziehungsweise mit welcher inhaltlichen Verbindung er von seinem Netzwerk wahrgenommen werden möchte.

Durch meine Tätigkeit im Management eines Personaldienstleistungsunternehmens war es für mich somit naheliegend, die beiden Schwerpunktfelder „Führung" und „Personaldienstleistung" inhaltlich zu bedienen.

Je häufiger und je fundierter Beiträge kommentiert werden, desto wahrscheinlicher und besser ist auch die Wahrnehmung. Ein einfacher „Daumen hoch" oder „Sehr gut" wird bereits als Kommentar gewertet und ist daher definitiv schon wertiger als ein „Gefällt mir". Allerdings lässt sich damit noch keine Positionierung erzielen. Die Besonderheit bei Businessplattformen liegt darin, dass auch Vernetzungen zweiten und dritten Grades angezeigt werden, wodurch die Reichweite sehr schnell ganz andere Dimensionen erzielen kann.

Damit Kommentare auch gezielt die eigene Positionierung festigen, kommt es in entscheidendem Maße darauf an, dass sich auch die eigene Haltung im Kommentar ableiten lässt. Idealerweise enthält diese dann auch eine schlüssige Begründung sowie einen exemplarischen Beleg dafür.

18.3 Wie werde ich von meinem Netzwerk als Experte wahrgenommen?

Wer sich nun sicher und routiniert im Umgang mit der Kommentarfunktion fühlt und bereits erste positive Rückmeldung dafür erhält, sollte sich im Hinblick auf die weitere Profilschärfung an die nächste Stufe wagen und selbst einen Beitrag erstellen.

Dies könnte in der Form erfolgen, dass zum Beispiel ein Presseartikel, der inhaltlich zum eigenen Thema passt, geteilt und ein kurzes, persönliches Statement dazu abgegeben wird. Je häufiger dieses Statement nun „geliked" oder sogar re-kommentiert wird, desto größer wiederum die eigene Wahrnehmung. Es könnte aber genauso ein eigener Beitrag oder sogar ein selbst verfasster Artikel sein. Erfahrungsgemäß erhalten persönliche Bilder oder kurze Videosequenzen die mit Abstand höchsten Aufmerksamkeiten.

Je häufiger ein Nutzer also qualifizierte Beiträge und Kommentare zu einem bestimmten Themenschwerpunkt veröffentlicht, desto schneller und nachhaltiger untermauert er somit seinen Expertenstatus. Dieser Expertenstatus wird dann im Idealfall auch durch das persönliche Netzwerk entsprechend wahrgenommen.

Kommt es dann im weiteren Verlauf zu einer konkreten Bedarfskonstellation, ist die Kaufbereitschaft des potentiellen Kunden deutlich höher, weil sich der „Verkäufer" beziehungsweise „Experte" nicht komplett neu profilieren muss und Erfahrungswerte bereits vorhanden sind.

Vor diesem Hintergrund kann ich Führungskräften nur eindringlich empfehlen, „Social Media" zum obligatorischen Bestandteil ihrer operativen Tätigkeit zu machen und ihre Mitarbeiter auf dem Weg zur richtigen Positionierung entsprechend zu begleiten.

19. New Generation

Eine der derzeit wichtigsten Herausforderungen für Führungskräfte ist der richtige Umgang mit der neuen Generation an Mitarbeitern. In diesem Zusammenhang rückt die sogenannte „Generation Y" ganz automatisch in den Mittelpunkt – was jedoch nur zum Teil korrekt ist. Rein definitorisch zählen die Jahrgänge zwischen 1981 und 2000 in diese Kategorie. Heutige Absolventen und Berufseinsteiger sind jedoch zunehmend nach 2000 geboren, somit muss bei der Betrachtung der neuen Generation von Mitarbeitern vollständigerweise auch die Generation Z mitberücksichtigt werden.

19.1 Generation Y

Beide Kategorien unterscheiden sich aber durchaus elementar voneinander. Somit ergeben sich für Führungskräfte ganz spezielle Anforderungen im Umgang mit entsprechenden Mitarbeitern, in der Integration sowie in der Entwicklung dieser.

Charakteristisch für Mitarbeiter der Generation Y ist das Streben nach einem Höchstmaß an Freiheit, Ungebundenheit, Selbständigkeit und Flexibilität. Ich erinnere mich in diesem Zusammenhang an einen ehemaligen Mitarbeiter, der im Sommer bei schönem Wetter mit seinem Notebook am See lag und von dort gearbeitet hat. Eine andere Mitarbeiterin musste zum Beispiel jeden Mittwoch um sechzehn Uhr pünktlich Feierabend machen, weil sie mit ihren Kindern zum Turnen ging – dafür aber ab 20:00 wieder zu Hause vor dem Rechner gesessen ist, nachdem die Kinder im Bett waren. Somit handelt es sich bei der Einordnung der Generation Y also um eine maximale Verschmelzung des Arbeits- und des Privatlebens mit der Zielsetzung die eigene Lebensqualität zu optimieren.

Die besondere Herausforderung für Führungskräfte besteht darin, dass insbesondere in Organisationseinheiten mit heterogener Altersstruktur teilweise völlig unterschiedliche Bedürfnisse gehandelt werden müssen. Dies setzt natürlich voraus, dass individuelle Freiheiten, wie oben beschrieben, durch die Führungskräfte sehr transparent gewährt und entsprechend moderiert werden müssen, damit keine subjektiv empfundene Benachteiligung entsteht. Gleichzeitig müssen Leistungen und Arbeitsergebnisse noch stärker nachgehalten werden, wenn Produktivzeiten räumlich wie zeitlich flexibel gestaltet werden.

19.2 Generation Z

Demgegenüber steht nun die aktuell jüngste Generation an Mitarbeitern – kurz zusammengefasst mit dem Buchstaben Z. Umgangssprachlich werden Mitarbeiter dieser Generation häufig auch als Zoomer tituliert, eine Wortneuschöpfung abgeleitet aus Boomer und Zoom, einer digitalen Kommunikationsplattform.

Im Gegensatz zur Generation Y zeichnet die Generation Z eine strikte Trennung zwischen Arbeits- und Privatleben aus. Arbeitszeiten müssten demnach klar geregelt sein. Sobald der Rechner heruntergefahren ist, beginnt tatsächlich auch das Privatleben.

In Anlehnung an die Digital Natives der Generation Y werden Mitarbeiter der Generation Z oft auch als Digital Natives 2.0 bezeichnet. Die Grenzen zwischen der realen und der virtuellen Welt sind dabei völlig fließend. Diese Generation ist vollständig im Zeitalter von Smartphones aufgewachsen – das heißt Austausch und Informationsbeschaffung erfolgt über soziale Medien und Online-Communities. Daraus ergibt sich für die Zoomer gleichzeitig auch eine komplett veränderte Erwartungshaltung an ihre Vorgesetzten. Dabei geht es konkret darum, eine Vision vorzugeben und die Entwicklung einzelner Mitarbeiter oder der gesamten Organisationseinheit entsprechend zu lenken. Außerdem wird für diese Mitarbeiter der ideelle Aspekt ihrer Tätigkeit zunehmend von stärkerer Bedeutung, das heißt, welchen gesellschaftlichen, sozioökonomischen oder kulturellen Nutzen kann der Einzelne mit seiner Tätigkeit stiften. Das klassische Rollenbild einer Führungskraft, dem Mitarbeiter bei inhaltlichen oder technischen Problemstellungen mit Rat und Tat zur Seite zu stehen, tritt für die Generation Z kaum noch in Erscheinung. Stattdessen erfolgt auch die Problemlösung und Hilfestellung digital über Videos, Tutorials und Blogs.

Insofern sehe ich eine nachhaltige und effektive Integration neuer Generationen von Mitarbeitern mit als die wichtigste, strategische Aufgabe heutiger Führungskräfte an. Diese Aufgabe ist umso anspruchsvoller, je mehr Generationen mit jeweils unterschiedlichen Wertesystemen einer Organisationseinheit aufeinandertreffen und entsprechend aufeinander abgestimmt werden müssen.

Mein Ratschlag lautet daher in aller erster Linie: lassen Sie sich darauf ein! Schaffen Sie ein Bewusstsein dafür, dass die aus Ihrer Sicht über Jahrzehnte etablierten Werte wie etwa Erfolg, Wohlstand und Anerkennung durch den Job größtenteils überholt sind. Das ist aus meiner Sicht die aller wichtigste Voraussetzung. Auch für mich persönlich war das ein gewaltiger Anpassungsprozess. Dabei habe ich mich mehrmals dabei ertappt, wie ich Bewerbern, die sich im Vorstellungsgespräch nach Arbeitszeiten, Urlaub und Sabbaticals erkundigt haben, gedanklich bereits abgesagt hätte. Aber genau dieser Luxus ist heute nicht mehr zeitgemäß und deshalb nicht mehr zu erlauben.

Epilog

Dieses Buch enthält das generische Maskulinum stellvertretend für alle darin beschriebenen Personengruppen.

Ich sehe mich persönlich selbst als ausgewiesenen Befürworter heterogener, diverser und vielfältiger Organisationsstrukturen. Dieses Credo lebe ich aktiv und bewusst seit Beginn meiner Karriere und habe damit ausschließlich positive Erfahrungen gesammelt. Persönlichkeitsmerkmale wie Alter, Geschlecht, Herkunft, sexuelle oder politische Orientierung waren zu keinem Zeitpunkt Gegenstand meiner Bewertungen oder Beurteilungen. Stattdessen habe ich Chancengleichheit durch Leistungsorientierung immer in den Mittelpunkt meines Handelns gestellt und praktiziere das selbstverständlich auch weiterhin.

Gendergerechte Sprache stellt für mich hingegen eine rein symbolpolitische Form der Gleichstellung dar.

Meine Prämisse lautet daher: handeln – statt einfach nur darüber zu reden und darüber zu schreiben!

© 2021 René A. Rauscher

1. Auflage

Alle Rechte vorbehalten.

Dieses Werk, einschließlich seiner Teile, ist urheberrechtlich geschützt. Jede Verwertung außerhalb der engen Grenzen des Urheberrechtsgesetzes ist ohne Zustimmung des Autors unzulässig. Dies gilt insbesondere für die elektronische oder sonstige Vervielfältigung, Übersetzung, Verbreitung und öffentliche Zugänglichmachung.

Layout & Coverdesign: 4h-digital.de

Kontakt: René A. Rauscher, Schulstrasse 9, 86508 Rehling

Druckerei: Amazon Media EU S.à r.l., 5 Rue Plaetis, L-2338, Luxembourg

www.ingramcontent.com/pod-product-compliance
Lightning Source LLC
Chambersburg PA
CBHW070641220526
45466CB00001B/252